Escoger su tipo de empresa

Miquel-Àngel García Esteve

ESCOGER SU TIPO DE EMPRESA

dve
PUBLISHING

A pesar de haber puesto el máximo cuidado en la redacción de esta obra, el autor o el editor no pueden en modo alguno responsabilizarse por las informaciones (fórmulas, recetas, técnicas, etc.) vertidas en el texto. Se aconseja, en el caso de problemas específicos —a menudo únicos— de cada lector en particular, que se consulte con una persona cualificada para obtener las informaciones más completas, más exactas y lo más actualizadas posible. EDITORIAL DE VECCHI, S. A. U.

El Código Penal vigente dispone: «Será castigado con la pena de prisión de seis meses a dos años o de multa de seis a veinticuatro meses quien, con ánimo de lucro y en perjuicio de tercero, reproduzca, plagie, distribuya o comunique públicamente, en todo o en parte, una obra literaria, artística o científica, o su transformación, interpretación o ejecución artística fijada en cualquier tipo de soporte o comunicada a través de cualquier medio, sin la autorización de los titulares de los correspondientes derechos de propiedad intelectual o de sus cesionarios. La misma pena se impondrá a quien intencionadamente importe, exporte o almacene ejemplares de dichas obras o producciones o ejecuciones sin la referida autorización». (Artículo 270)

Índice

APÉNDICE
MODELOS DE DOCUMENTOS

Introducción

La constitución de una sociedad no parece ser una labor demasiado compleja. A primera vista, tan sólo se requiere el acuerdo entre los futuros socios y la aportación de capitales con los que iniciar la actividad económica. Sin embargo, no es tan sencillo como parece, ya que además de los diversos trámites que deben realizarse, hay que conocer cuál es el tipo de sociedad más adecuado.

De todos son conocidas las sociedades anónimas, las limitadas y las cooperativas, pero ya no lo son tanto las sociedades laborales ni las colectivas, por no mencionar otras formas de asociación como las agrupaciones de interés económico o las uniones temporales de empresas.

En este libro analizaremos todos y cada uno de los distintos tipos de sociedades que existen en nuestro ordenamiento jurídico, desde los más extendidos a los menos difundidos o que se hallan en desuso, a fin de que las personas interesadas en ejercer una actividad empresarial puedan decidir cuál es la modalidad que mejor se adaptará a sus necesidades o intereses.

El Derecho de sociedades

Todas las asociaciones con fines económicos están reglamentadas por el Derecho de sociedades, que a su vez depende del Derecho mercantil.

El Derecho mercantil es una rama del Derecho civil, cuyas disposiciones regulan la mayoría de nuestras vidas cotidianas en la medida en que todos estamos inmersos en el tráfico mercantil, pese a que no siempre seamos conscientes de ello.

Los sujetos que intervienen en el tráfico mercantil son las sociedades, consideradas como personas jurídicas ya que la ley les reconoce una personalidad propia, diferente de las personas físicas que las integran. Téngase en cuenta que las sociedades, a título propio, poseen derechos específicos, pueden celebrar contratos y adquirir y enajenar bienes de su patrimonio.

Las sociedades tal y como las entendemos en la actualidad nacieron en la Edad Media. En el seno del Derecho civil se desarro-

| Derecho de sociedades | Derecho mercantil | Derecho privado |

llaron diversas leyes que regulaban la relación entre los gremios y los comerciantes dedicados al tráfico mercantil. Parte de estas normas podían englobarse dentro del Derecho de sociedades, eje del Derecho mercantil contemporáneo.

Si atendemos a la palabra *sociedad*, podremos ver que su étimo latino *(societas)* ya se empleaba para referirse a la agrupación natural o pactada de personas, que consituye una unidad distinta de cada uno de sus integrantes y formada para realizar, mediante la mutua cooperación, diversas actividades vitales.

La sociedad, pues, siempre ha tenido un carácter pragmático, ya que sólo puede existir en la medida en que haya unos fines que deban cumplirse.

Y, como es evidente, uno de esos fines es el mercantil.

Desde un punto de vista estrictamente jurídico, el origen de una sociedad es doble: contractual e institucional. Sin embargo, a partir de la Directiva CEE de 1989, quiebra el principio contractual y ya no es necesario que la sociedad esté formada por un mínimo de dos socios: una sola persona, física o jurídica, puede constituir una sociedad denominada *unipersonal*.

A diferencia de la sociedad civil, la sociedad mercantil busca siempre un beneficio económico.

En la sociedad civil los comuneros tienen derecho al uso de la cosa común, mientras que en la mercantil los socios tienen derecho a la obtención de beneficios o al reparto de dividendos.

Concepto general de sociedad

La sociedad mercantil es una asociación voluntaria de personas que crean un fondo patrimonial común para colaborar en la explotación de una empresa con ánimo de obtener un beneficio individual procedente del reparto de las ganancias que se obtengan.

Hoy en día la sociedad es la forma jurídica más adecuada para el ejercicio colectivo de una actividad económica organizada.

Sin embargo, la empresa es un quehacer común, y esto supone que todos los socios, en mayor o menor grado según la clase de sociedad, pueden y deben colaborar en la marcha de los asuntos sociales y en la consecución del fin común.

La idea de colaboración de los socios es uno de los elementos más importantes que permiten distinguir esa figura jurídica de otras afines (como las cuentas de participación, las comunidades de intereses o las sociedades de ganancias) en las que no existe colaboración en una actividad económica común. Por lo demás, la empresa social puede ser de la más diversa índole, siempre que la actividad en que consista no sea contraria a la ley ni a la moral ni al orden público.

La explotación de la empresa social se hace por parte de los socios con ánimo de obtener un beneficio individual que dependerá de la aportación que haya realizado. De ahí que no puedan considerarse verdaderas sociedades mercantiles aquellas uniones de personas que no persigan un fin lucrativo.

Diferencias entre la sociedad mercantil y la asociación

La sociedad persigue un fin económico particular, diferente de los fines de naturaleza ideal —de carácter benéfico, religioso, artístico o cultural—, propios de las asociaciones.

Esta divergencia de propósitos es la que distingue una sociedad de una asociación.

No es raro que muchos profesionales decidan convertirse en sociedad para obtener un ahorro fiscal que no obtendrían si tributasen como profesionales autónomos. A tales efectos, es necesario tener en cuenta las sociedades fiscalmente transparentes, en las que se obliga a los socios a tributar como si tal empresa no existiera, pues su única finalidad es evitar el pago de ciertos impuestos.

Esta opción es totalmente lícita, si bien hay que asegurarse de realizar todos los trámites correctamente. En el caso de que un profesional desee constituirse en sociedad, lo más conveniente será acudir a un experto fiscal para que le garantice la conveniencia de dar este paso.

El contrato de sociedad

El contrato de sociedad es un contrato plurilateral de organización (con excepción de la sociedad unipersonal), del cual nace una relación jurídica duradera y estable encaminada a regular las relaciones de los socios entre sí y con la sociedad de la que forman parte.

El contrato crea para cada partícipe una situación jurídica o estatus que se despliega en una serie de derechos y obligaciones del socio.

El artículo 116 del Código de comercio y el artículo 1.665 del Código civil coinciden en el concepto de sociedad, si bien el primero lo considera desde el punto de vista mercantil y el segundo desde el punto de vista civil.

Ambos, no obstante, coinciden a la hora de considerar la sociedad como una unión de personas que contribuyen a la constitución de un fondo común y colaboran en el ejercicio de una actividad con el objetivo último de obtener unas ganancias o beneficios.

El contrato de sociedad establece una organización de la actividad, una duración y una colaboración entre los asociados. En él subyace la idea de comunidad, de ahí que esté basado en el consentimiento, la capacidad, el objeto y la causa.

Elementos esenciales del contrato de sociedad

EL CONSENTIMIENTO

El consentimiento de las partes ha de recaer sobre el contenido del contrato. En principio, cualquier persona física o jurídica puede constituir una sociedad, aunque también existe la posibilidad de constituir una sociedad de sociedades. En el supuesto de personas jurídicas, la persona que actúa en nombre de la sociedad debe tener poder suficiente para actuar. En el caso de menores de edad o discapacitados, habrá que atender a las normas especiales del Código civil.

LA CAPACIDAD

La capacidad de las partes se rige por las normas generales de orden civil. Toda persona que tenga capacidad para obligarse podrá pactar un contrato de sociedad. Pueden ser parte de ellos, y adquirir la condición de socio, los mayores de 18 años no incapacitados legalmente, los menores emancipados y las personas jurídicas que actúen a través de sus órganos de representación y dentro de las normas por las que se rijan. También puede participar el menor no emancipado siempre que actúe por medio de un tutor.

EL OBJETO

En primer lugar cabe distinguir el objeto —entendido como el objetivo que se han marcado los socios— del objeto social —entendido como la actividad a la que va a dedicarse la sociedad—. El objeto de la empresa ha de ser lícito y posible, debiendo reputarse nula la sociedad cuyo objeto sea contrario a la Ley o a las buenas costumbres.

LA CAUSA DEL CONTRATO

La causa del contrato va íntimamente ligada al objeto por ser este el medio para su realización. La causa usualmente suele coincidir en una determinada actividad económica con ánimo de lucro. Una sociedad cuyo objeto material no sea el ánimo de lucro no existiría como tal.

Distinción entre la persona física y la persona jurídica

Nuestro ordenamiento jurídico distingue entre persona física y persona jurídica. Tanto la persona física como la persona jurídica son sujetos de derecho y, por lo tanto, titulares de derechos y deberes, si bien hay una diferencia esencial entre ambos: el derecho no es libre para atribuir o negar la condición de persona al ser humano.

Dicho de otro modo, el individuo por naturaleza tiene la condición de persona y la capacidad jurídica le es innata, mientras que la persona jurídica es sujeto de derecho en cuanto le atribuye el ordenamiento jurídico, pudiendo dispensarse ese atributo en función de diferentes criterios de utilidad y conveniencia.

LA CAPACIDAD JURÍDICA Y LA CAPACIDAD DE OBRAR

La capacidad jurídica es la aptitud para ser sujeto de derechos y obligaciones que tiene toda persona por el hecho de existir. Sin embargo, la capacidad de obrar es la capacidad para gobernar esos derechos y obligaciones de los que se es titular.

A modo de ejemplo, un recién nacido tiene capacidad jurídica, pudiendo ser dueño de bienes, heredero y accionista —es decir, titular de derechos—, pero no tiene capacidad de obrar porque no puede gobernarse por sí mismo ni es capaz de ejercer sus derechos por sí solo. Para ello precisará la intervención, en su nombre, de su tutor o representante legal.

La capacidad de obrar, a diferencia de la capacidad jurídica, no es igual en todas las personas, sino que dependerá de la aptitud de cada uno para regir su persona y sus bienes. De este modo, la capacidad de obrar del recién nacido es nula, mientras la capacidad de obrar de un anciano puede verse disminuida para ciertos actos y negocios jurídicos.

LA PERSONALIDAD

Como hemos visto, la personalidad en sentido jurídico es la capacidad para ser titular de derechos y equivale a la capacidad jurídica.

La sociedad puede ser de carácter mercantil o civil. Ya que existe una duplicidad de regulación entre el Código civil y el Código de comercio, si una sociedad se considera mercantil, y no civil,

```
┌─────────────────────────────┐
│          Comercio           │
└─────────────────────────────┘
         │              │
         ▼              ▼
┌──────────────────┐ ┌──────────────────────┐
│ Ejercido de forma │ │ Ejercido mediante una │
│    individual     │ │      sociedad         │
└──────────────────┘ └──────────────────────┘
```

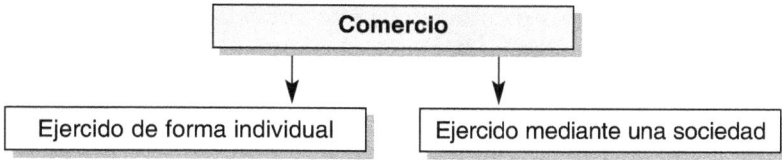

su actividad se regirá por las normas del Código de comercio y leyes especiales. Los criterios de clasificación de las sociedades son:

— la finalidad lucrativa;
— la atribución de una personalidad jurídica propia que sea distinta de sus socios;
— la forma (el artículo 116 del Código de comercio establece que son sociedades mercantiles las que se constituyen conforme a las disposiciones de dicho artículo);
— el objeto (ya que las sociedades capitalistas, las anónimas y las limitadas son sociedades mercantiles).

El régimen jurídico entre la sociedad civil y las colectivas es muy parecido, si bien existen ciertas diferencias en el régimen de constitución y la responsabilidad de los socios.

¿Puede existir una sociedad civil con forma mercantil?

El artículo 1.670 del Código civil reconoce la posibilidad de que existan sociedades civiles por su objeto pero con forma mercantil. Este artículo afecta a las sociedades colectivas y comanditarias simples, a las que se aplican las normas del Código de comercio siempre y cuando no se opongan a las del Código civil.

El empresario individual

Pese a que en este libro nos referiremos a las sociedades, es conveniente conocer los rasgos que caracterizan a un empresario individual, al menos para distinguir sus actividades de las que desarrollan normalmente las personas jurídicas.

Un empresario individual puede definirse como aquella persona física que, teniendo capacidad legal, ejercita en nombre propio una actividad constitutiva de una empresa por sí mismo o a través de un representante.

Pueden convertirse en empresarios las personas mayores de edad que gocen de la libre disposición de sus bienes, no se hallen inhabilitados para ello ni tengan prohibido el ejercicio de una actividad mercantil. Su actividad está regulada por el Código de comercio (artículos del 1 al 15, ambos inclusive) y por el Reglamento del Registro mercantil (artículos del 87 al 93, ambos inclusive).

En el caso de que la persona esté casada y haga uso de los bienes gananciales, se considerará que lo realiza con el consentimiento del cónyuge.

La inscripción del empresario individual en el Registro mercantil es totalmente potestativa, pese a que es recomendable por la publicidad que otorga dicho órgano. Las obligaciones formales son:

— la declaración de comienzo de actividad;
— la obtención del número de identificación fiscal (NIF);
— el alta en el Régimen Especial de Trabajadores Autónomos;
— la formulación de cuentas anuales (aunque no debe depositarlas en el Registro mercantil, a diferencia de las sociedades);
— la liquidación de impuestos (IVA, IAE e IRPF en régimen de estimación objetiva por coeficientes o de estimación directa si la facturación fuese superior a 50 millones de pesetas anuales);
— la llevanza de una contabilidad ordenada mediante el libro diario, el libro de facturas emitidas y recibidas, el libro de inventarios y cuentas anuales (que debe abrirse con el balance inicial y en el que habrá que transcribir, al menos, trimestralmente, los balances de comprobación con sumas y saldos), el inventario de cierre de ejercicio, etc.

Aspectos generales de las sociedades

Visto lo anterior, podemos determinar que el comercio puede ejercerse de forma individual o mediante una sociedad, que puede ser civil o mercantil.

Tipos de sociedades

El artículo 122 del Código de comercio distingue los siguientes tipos de sociedades:

— colectivas;
— comanditarias simples o por acciones;
— anónimas;
— de responsabilidad limitada.

Dicha relación no es exhaustiva y no tiene en cuenta las sociedades que recoge el Código civil y que tienen una actividad mercantil.

Las sociedades pueden clasificarse atendiendo a los siguientes criterios.

a) Criterio de responsabilidad. Los socios no responden de las deudas en las sociedades capitalistas, a diferencia de las sociedades personalistas, en donde lo hacen de forma solidaria e ilimatada.

b) Criterio que atiende a la causa de la constitución de la sociedad. En las sociedades personalistas prima la persona por encima del

trabajo (como, por ejemplo, la sociedad colectiva), en las capitalistas prima el trabajo por encima de la persona (por ejemplo la sociedad anónima y la sociedad de responsabilidad limitada), y en las sociedades mixtas hay socios de los cuales interesan su aportación y
socios de los cuales interesan sus condiciones personales (sociedades comanditarias).

c) Criterio funcional. Las sociedades pueden ser de trabajo, de
inversión o mixtas. En las sociedades de trabajo los socios tienen
derecho a participar en la gestión de la compañía (sociedades personalistas); en las sociedades de inversión los socios no forman
parte de la administración de la compañía, salvo que sean nombrados expresamente como administradores (sociedades anónimas); y
en las sociedades mixtas los socios colectivos tienen derecho a gestionar la compañía y los comanditarios realizan la inversión.

Forma de constitución de las sociedades

Las sociedades deberán constituirse con la forma y requisitos que
se establecen por la ley, en particular de conformidad con lo
que dispone el artículo 119 del Código de comercio. Si la sociedad
no se constituye cumpliendo con estos requisitos no tendrá personalidad jurídica.

Este artículo establece las bases de constitución de toda compañía del comercio, antes de dar principio a sus operaciones. Para
ello deberá hacer constar su constitución, pactos y condiciones en
escritura pública, que se presentará para su inscripción en el Registro mercantil, conforme a lo dispuesto en el artículo 19 del Código
de comercio.

Ambas formalidades de constitución en escritura y de su inscripción en el Registro mercantil, son igualmente exigibles para cualquier modificación posterior del contrato originario. La inscripción
se hará en el registro correspondiente al lugar de su domicilio.

La exigencia formal de la escritura pública implica una excepción
al principio general de libertad de forma contractual que se halla
en el artículo 51 del Código de comercio y que se explica por la

importancia del contrato de sociedad, por la complejidad habitual de sus cláusulas y por las consecuencias que tiene la constitución de la sociedad en lo que se refiere al nacimiento de un ente jurídico nuevo.

¿Qué ocurre cuando se constituye una empresa en escritura pública y no se lleva a cabo su inscripción en el Registro mercantil o bien no cumple ninguno de los dos requisitos exigidos por la Ley?

En este supuesto nos encontramos ante una sociedad irregular. La sociedad irregular es una sociedad que no tiene personalidad jurídica, sin perjuicio de que pueda ejercer su actividad dentro del tráfico mercantil.

La sociedad irregular

En lo referente al aspecto institucional de la sociedad y a las relaciones de esta con terceros, la escritura tiene un gran valor, ya que sin ella no hay ninguna posibilidad de que pueda ser inscrita en el Registro mercantil. Debe tenerse en cuenta que sin inscripción no hay personalidad jurídica ni tampoco tendrán validez los contratos celebrados por la sociedad con terceras personas, por lo que los únicos responsables serán los encargados de la gestión social que contrataron a nombre de una sociedad no inscrita.

En las relaciones internas existe validez jurídica, pues se ha establecido un contrato entre ambas partes. El problema surge en las relaciones externas, ya que no se han cumplido las disposiciones del artículo 119 del Código de comercio y la sociedad carece de personalidad jurídica propia para actuar frente a terceros.

Una posible solución la dan los artículos 118 y 120 del Código de comercio, los cuales disponen que la validez del contrato dependerá del cumplimiento de las disposiciones del artículo 119 y que los socios responderán solidariamente cuando contratan en nombre de la compañía según el principio de responsabilidad contractual.

La publicidad registral de las sociedades favorece a los terceros, pues les da a conocer los estatutos de la persona jurídica con la que contratan, el objeto que persigue, las personas que la han constituido, las que la representan y administran, el capital aportado, etc., y se rige por los artículos 17 y 21 del Código de comercio.

La nulidad de la sociedad

Es un supuesto distinto del de la sociedad irregular. En este caso, la sociedad posee desde el principio un vicio que afecta a la validez de la institución. Esta situación es de especial gravedad en aquellos casos en los que la sociedad aparece formalmente constituida, si bien existe alguna irregularidad que provoca su nulidad, tal como sucede con las sociedades de hecho.

El concepto *sociedad de hecho* se refiere a aquellas sociedades que se han constituido al amparo de un contrato nulo o anulable. El concepto de sociedad de hecho es, por lo tanto, equivalente al de sociedad defectuosa, y no puede confundirse con el concepto de sociedad irregular o de sociedad no formalizada.

La problemática de la sociedad de hecho consiste en determinar el régimen jurídico de la nulidad de la sociedad, especialmente en lo tocante a las consecuencias que acarrea.

La nacionalidad

El ordenamiento legal español extiende el concepto de nacionalidad a las personas jurídicas en general y a las sociedades mercantiles en particular.

En consecuencia, habrá que admitir que los empresarios sociales tienen nacionalidad, del mismo modo que la tienen los empresarios individuales, y que será decisiva a efectos de la ley que ha de regir su constitución y funcionamiento interno.

La nacionalidad española de las sociedades se determina por el criterio mixto del domicilio y constitución. El artículo 28 del

Código civil establece que las corporaciones, fundaciones y asociaciones reconocidas por la Ley y domiciliadas en España gozarán de la nacionalidad española siempre que su personalidad jurídica esté de acuerdo con las disposiciones del ordenamiento español.

El artículo 5 de la Ley de sociedades anónimas establece que la sociedad española tendrá su domicilio en territorio español. Esa declaración legal no entraña la aceptación del criterio simple del domicilio, sino que requiere ambos requisitos de domicilio y constitución. Queda claro, pues, que las sociedades españolas deberán reunir la doble condición de estar constituidas conforme a nuestra ley y domiciliadas en territorio nacional. Las que no reúnan esas dos condiciones serán consideradas extranjeras.

Algo distinto son las sociedades extranjeras que ejercen alguna actividad comercial en España o pretenden establecer en nuestro país sucursales o delegaciones. Estas sociedades extranjeras deberán reunir los requisitos que las leyes les exijan para realizar su actividad en España y su nacionalidad se considerará en virtud del lugar de constitución.

La sociedad extranjera puede realizar en nuestro país operaciones mercantiles aisladas, así como crear establecimientos secundarios, sucursales, delegaciones, agencias, etc.

La apertura de estos establecimientos está sometida a un control administrativo previo que deberá ser conforme a la Ley de Inversiones Extranjeras en España. Con independencia de ello, para montar en territorio español una organización estable es imprescindible la inscripción de la sociedad extranjera en el Registro mercantil.

Naturalmente, estos establecimientos secundarios a los que alude la ley no son sociedades, sino meras organizaciones instrumentales, centros de actividad de negocio carentes de personalidad propia y de verdadera autonomía jurídica, sin perjuicio no obstante

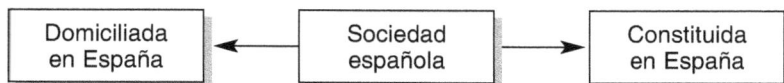

de sus obligaciones fiscales, laborales, de control de cambios y de seguridad social.

Es muy frecuente que las grandes sociedades mercantiles actúen en diversos países y constituyan en ellos sociedades filiales totalmente controladas mediante algunos de los sistemas de control que la práctica mercantil conoce. Este supuesto no plantea ningún problema a efectos de la nacionalidad española de dichas sociedades, que al estar constituidas y domiciliadas en España serán españolas, con independencia de que el accionista sea una compañía extranjera.

La sociedad civil

Es importante destacar y examinar las características de la sociedad civil para discernir las diferencias existentes con las sociedades mercantiles.

La sociedad civil propiamente dicha

Empezaremos el análisis de este tipo de sociedades que podrían considerarse como sociedades civiles en sentido estricto.

Concepto y naturaleza

Según se desprende del artículo 1.665 del Código civil, la sociedad es un contrato por el cual dos o más personas se obligan a poner de común acuerdo dinero, bienes o industria, con ánimo de partir entre ellas las ganancias. Esta es la definición del contrato de sociedad civil, regulado por el Código civil, cuyas normas se aplican, en principio con carácter supletorio, para cubrir las lagunas de las leyes especiales, que regulan principalmente los diversos tipos mercantiles de sociedad y, en su caso, también las de los derechos forales.

El artículo 1.670 del Código civil establece que las sociedades civiles pueden revestir todas las formas reconocidas por el Código de comercio según el objeto al que se consagren. Siendo posible la constitución de sociedades civiles con forma mercantil, desapareció el criterio formal anterior por el que se distinguían estas sociedades, lo cual originó el difícil y espinoso problema de decidir en cada caso la naturaleza de la entidad según su objeto, aunque revistiese alguna de las formas reguladas en el Código de comercio. Hoy, sin embargo, la vieja cuestión se ha simplificado bastante, ya que las sociedades cuya actividad sea mercantil se reputarán como mercantiles.

> **¿Qué ocurre en aquellas sociedades como las colectivas y comanditarias que tienen un sistema mixto?**
>
> Las sociedades que desarrollen o exploten una empresa serán mercantiles; las que no se constituyan con esa finalidad u objeto tendrán índole civil, sin perjuicio de que en razón de su forma mercantil deban quedar sometidas a las disposiciones del Código de comercio.

Sociedad civil	Sociedad civil con objeto mercantil	Sociedad mercantil

Forma

La sociedad es un contrato consensual en el que no cabe, según la jurisprudencia, niguna solemnidad o forma especial. No obstante, los socios deben tener capacidad para obligarse y la estructura del contrato será especial, propia de la categoría de contratos plurilaterales.

Clases

Se distingue entre sociedades universales y particulares, según la amplitud y naturaleza de las aportaciones de los socios. A la sociedad universal se aportan todos los bienes presentes de los socios, aunque no los bienes futuros adquiridos a título no oneroso. A la sociedad particular únicamente se aportará algún bien concreto.

Personalidad jurídica

De conformidad con lo que dispone el artículo 1.669 del Código civil las sociedades civiles pueden tener personalidad jurídica, siempre que sus pactos no permanezcan en secreto o los socios contraten con terceros en nombre de la sociedad. Si no concurre alguna de esas circunstancias, la organización o asociación constituida mediante el contrato de sociedad civil carece de personalidad jurídica. La adquisición de la personalidad requiere que la existencia de la sociedad se haga manifiesta mediante su publicidad.

Obligaciones

Todo socio está obligado a realizar su aportación correspondiente y acordada para la sociedad, que puede consistir en poner en común bienes, aportando su plena titularidad, o poner en común el uso de esos bienes. El objeto de la aportación puede ser cualquier bien susceptible de valorarse económicamente o el mero crédito personal. En cualquier caso los estatutos o normas internas de la sociedad deberán fijar el modo y cumplimiento de la aportación.

El artículo 1.681 del Código civil establece que cada socio es deudor a la sociedad de lo que ha prometido aportar a ella. Del artículo 1.682 se desprende que el socio que se ha obligado a aportar una suma de dinero y no la ha aportado es deudor de los intereses desde el día que debió aportarla, sin perjuicio de indemnizar además los daños que hubiese causado. Es derecho de los socios,

salvo pacto en contra, contribuir a la gestión de los intereses sociales, con facultades representativas y ciertas facultades de utilización
de los bienes sociales. Corresponde al socio el derecho de participar en los beneficios, que se repartirán de conformidad a lo pactado. Las ganancias que cada socio podrá percibir de la sociedad
equivaldrán al valor de la participación social realizada. La determinación y reparto de las ganancias puede confiarse a un tercero.

En el supuesto de que la sociedad se disolviera y finalizara su
actividad, cada uno de los socios tendrá derecho a su cuota de liquidación. Ello supone repartir entre los socios todos los bienes
propiedad de la sociedad, una vez que se hayan satisfecho las deudas sociales. Si un socio pretendiera transmitir su participación social requerirá la autorización del resto de los socios. Sin embargo, el
artículo 1.696 del Código civil permite crear una sociedad subordi-
nada o *subsociedad*, mediante la cual un socio admite a un tercero
como partícipe en su cuota social, si bien no podrá ingresar en la sociedad sin el consentimiento de los socios.

Responsabilidad

De las deudas sociales responde el patrimonio de la sociedad.
A esta responsabilidad se suma la responsabilidad personal e ilimitada de los socios por las deudas sociales, pues la sociedad civil, incluso la que goza de personalidad, no conlleva el privilegio de la limitación de responsabilidad. Los socios responden en general de
forma no solidaria y subsidiariamente, tal y como establece el artículo 1.698 del Código civil. Hoy en día es una figura legal en
receso por no permitir una distinción neta entre el patrimonio de la
sociedad y los patrimonios individuales de los socios.

Administración

La gestión de los asuntos sociales exige la existencia de un medio
de administración social. La vinculación de la sociedad y los consocios

con terceros se realiza a través de la representación social. Todos los socios son administradores y representantes naturales de la sociedad, si bien su gestión puede recaer en uno de ellos, con carácter sustancial del contrato de sociedad o sin él. Cuando el socio elegido como administrador actúa dentro de las facultades conferidas en representación de la sociedad, vincula a los socios.

El artículo 1.695 del Código civil establece que cuando no se haya estipulado el modo de administrar se observarán las reglas siguientes:

— todos los socios se considerarán apoderados, y lo que cualquiera de ellos hiciere por sí solo, obligará a la sociedad, si bien cada uno podrá oponerse a las operaciones de los demás antes de que hayan tenido efecto legal;
— cada socio puede usar las cosas que componen el fondo social según costumbre de la tierra, siempre que no lo haga contra el interés de la sociedad o impida el uso a sus compañeros;
— todo socio puede obligar a los demás a costear con él los gastos necesarios para la conservación de las cosas comunes;
— ninguno de los socios puede, sin el consentimiento de los otros, hacer nada que afecte a los bienes inmuebles sociales, aunque se ampare en el presupuesto de utilidad.

La sociedad agraria de transformación

Se trata de una figura empresarial que había conocido un importante auge hace algunas décadas y que, pese a existir todavía, se halla en retroceso. Las sociedades agrarias de transformación son sociedades civiles de finalidad económico-social de acuerdo con la producción, transformación y comercialización de productos agrícolas, ganaderos y forestales, la realización de mejoras en el medio rural, promoción y desarrollo agrarios y la prestación de servicios comunes que sirvan a aquella finalidad. Estas sociedades gozan de personalidad jurídica y plena capacidad de obrar en el cumplimiento de su finalidad desde su inscripción en el registro administrativo, y su patrimonio será independiente del de sus socios.

La norma que regula esta forma social (Real Decreto 1.776/81, de 3 de agosto de 1981, que para lo no previsto se remite a las normas de la sociedad civil) determina que de las deudas sociales responda en primer lugar el patrimonio social y sólo subsidiariamente los socios de forma mancomunada (dividiéndola entre los socios) e ilimitada, salvo que los estatutos establezcan una limitación.

La denominación de las sociedades agrarias de transformación será la que acuerden sus socios, pero no podrá ser igual o inducir a confusión con el de otra anteriormente constituida por su coincidencia en el mismo ámbito o actividad. En la denominación se incluirán las palabras *sociedad agraria de transformación* que podrá sustituirse por las siglas SAT y el número del registro, expresando siempre la clase de responsabilidad frente a terceros. El domicilio de la sociedad se establecerá en el término municipal del lugar donde radique su actividad principal y en él estará centralizada su documentación social y contable. Por lo que respecta a su duración, salvo que otra cosa se pacte expresamente en los estatutos, será indefinida.

Constitución y estatutos

Podrán constituir una sociedad agraria de transformación las personas físicas que ostenten la condición de titular de una explotación agraria o sean trabajadores agrícolas y las personas jurídicas en las que no concurran las condiciones expresadas para las personas físicas, pero que persigan fines agrarios.

Si coinciden unas y otras, el número de personas físicas deberá ser siempre superior al de personas jurídicas.

El estatuto social es la norma jurídica pactada por los socios para regir la actividad de la sociedad. En él se contendrán cuantas menciones se estimen necesarias para el desarrollo funcional de la sociedad, si bien es imprescindible que consten lo siguiente:

— denominación, objeto, domicilio y duración de la sociedad;
— capital social, número de fracciones representadas y materializadas en los respectivos resguardos y valor de cada una;

— forma de participación de los socios en las actividades sociales, régimen de reuniones y acuerdos;
— composición y número de miembros de la junta rectora, forma concreta de elección de presidente y periodos de renovación parcial con proporcionalidad de cargos;
— formas y plazos de liquidación por cese como socio;
— efectos de la transmisión de aportaciones sociales por actos *inter vivos* o *mortis causa*, salvaguardando el derecho de continuidad de los herederos como socios si reúnen las condiciones legales;
— normas de disolución y liquidación de la sociedad;
— representaciones o *quorum* requeridos, personales o de capital, para la toma de acuerdos en asamblea general;
— facultades del gerente o consejo de gerencia, y en su caso, de otros órganos posibles (de gestión, asesoramiento, control, etc.), con determinación expresa de sus facultades;
— régimen económico y contable.

Capital social y órganos de gobierno

El capital social estará constituido por las aportaciones de los socios representadas por resguardos nominativos (sin carácter de título-valor) que materializarán una parte alícuota del capital. El capital social deberá estar, en el momento de su constitución, desembolsado, al menos, en un 25 %. El resto deberá desembolsarse, según se determine, en un plazo máximo de seis años. Ningún socio podrá ser titular de más de una tercera parte del capital total.
Los órganos de gobierno de la sociedad agraria de transformación son, con carácter necesario, los siguientes:

— *la asamblea general*, que es el órgano supremo de expresión de la voluntad de los socios, constituida por todos ellos y cuyos acuerdos se toman según la mayoría de los asistentes;
— *la junta rectora*, que es el órgano de gobierno, representación y administración ordinaria de la sociedad, y está integrada por un presidente, un secretario y, al menos, tres vocales;

— *el presidente*, quien posee las facultades estatutarias, incluidas las de representación.

En las sociedades cuyo número de socios sea inferior a diez, la asamblea general asumirá las funciones de la junta rectora.

Obligaciones formales

Las sociedades agrarias de transformación llevarán, en orden y al día: el libro de registro de los socios; el libro de actas de la asamblea general, de la junta rectora y, en su caso, de otros órganos de gobierno; los libros de contabilidad.

Disolución y liquidación

Las causas de disolución de una sociedad agraria de transformación son las siguientes:

— el acuerdo adoptado por la asamblea general;
— el cumplimiento del plazo para el que hubiese sido constituida, en su caso;
— la conclusión del objeto social o la imposibilidad de realizarlo;
— el cese o abandono de las actividades sociales durante un periodo continuado de dos años;
— la alteración sustancial de los caracteres propios que configuran la sociedad, y que se vulneren las normas que la regulan;
— las que se determinen en los estatutos sociales.

Con la disolución se inicia el proceso de liquidación, en cuyo periodo la sociedad conservará su personalidad, debiendo añadir a su nombre y número las palabras *en liquidación*. La fase de liquidación no podrá pasar de un año y será llevada a cabo por la comisión liquidadora elegida por la asamblea general.

La sociedad mercantil

Como ya hemos visto con anterioridad, las sociedades mercantiles se constituyen con el objeto de explotar una empresa comercial o industrial en su sentido más amplio. Respecto a estas, en el Código de comercio se afirma que, por regla general, las sociedades mercantiles se constituirán siempre que adopten una de las formas que se explican a continuación.

En nuestro código no se explicita que toda sociedad deba adoptar una de estas formas, sino que, por regla general, se hace de *motu proprio*. Examinaremos estas sociedades de forma exhaustiva, sin perjuicio de recoger otros tipos societarios, como la sociedad cooperativa y la agrupación de interés económico.

La sociedad colectiva

Concepto y naturaleza

Es la más antigua de las sociedades mercantiles. Nació en plena Edad Media como forma de evolución de las comunidades hereditarias familiares de mercaderes que continuaban la explotación del comercio paterno. Los miembros de una familia unidos por lazos de parentesco y estrechas relaciones de confianza mutua constituían una unidad de trabajo. En un principio la sociedad colectiva estaba formada por personas ligadas por vínculos de sangre. Más

```
                          ┌─────────────────────────────────────┐
                     ───▶ │         Sociedad colectiva          │
                          └─────────────────────────────────────┘
                          ┌─────────────────────────────────────┐
                     ───▶ │        Sociedad comanditaria        │
                          └─────────────────────────────────────┘
                          ┌─────────────────────────────────────┐
  ┌──────────────┐   ───▶ │     Sociedad comanditaria simple    │
  │   Sociedad   │        └─────────────────────────────────────┘
  │   mercantil  │────┤   ┌─────────────────────────────────────┐
  └──────────────┘   ───▶ │  Sociedad comanditaria por acciones │
                          └─────────────────────────────────────┘
                          ┌─────────────────────────────────────┐
                     ───▶ │          Sociedad anónima           │
                          └─────────────────────────────────────┘
                          ┌─────────────────────────────────────┐
                     ───▶ │ Sociedad de responsabilidad limitada│
                          └─────────────────────────────────────┘
```

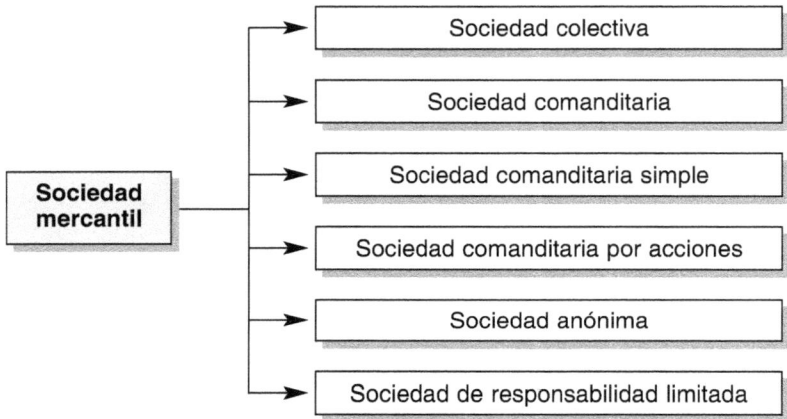

tarde, el vínculo social se extendió fuera del círculo familiar, basándose en una relación de confianza mutua.

Este carácter originario es el que permite considerar la forma social colectiva como la primera y más genuina representación de las sociedades personalistas, llamadas así porque, al constituirse en atención a las condiciones de los socios, las vicisitudes personales de estos repercuten tan directamente sobre la sociedad que la muerte o la crisis económica de cualquiera de ellos puede acarrear la disolución de la sociedad. Los socios responden con su patrimonio personal de las deudas de la sociedad de forma subsidiaria, solidaria, personal e ilimitada.

La responsabilidad ilimitada de los socios y la dificultad de integrar grandes capitales entre pocas personas muy unidas entre sí hace que la sociedad colectiva sea cada día menos apropiada para el comercio actual, por lo que hoy está en pleno retroceso.

Definición

El artículo 122 del Código de comercio define la sociedad colectiva como aquella sociedad en que todos los socios, en nombre colectivo y bajo una razón social, se comprometen a participar, en la medida que ellos establezcan, de los mismos derechos y obligaciones respondiendo subsidiaria, personal y solidariamente con todos los bienes obtenidos en las operaciones sociales llevadas a cabo.

Dicha definición es incompleta porque omite la referencia relativa a la responsabilidad de los socios.

Podemos destacar las siguientes características de la sociedad colectiva:

a) Funciona bajo un apelativo colectivo o razón social integrado por el nombre de todos los socios, de algunos de ellos o de uno solo, en la forma que veremos más adelante.

b) En principio, salvo posibles diferencias recogidas en el contrato social, todos los socios participan de la sociedad de forma igualitaria, colaborando activamente en la empresa social. La sociedad colectiva es una verdadera comunidad de trabajo, en la que, salvo que se obvie en el contrato, todos los socios pueden dirigir los negocios comunes, sin que la participación del socio en la gestión social se mida por el importe de su aportación patrimonial.

c) La sociedad tiene autonomía patrimonial y responde de sus deudas con su patrimonio, aunque lo socios también se hagan responsables de las deudas sociales de forma subsidiaria, ilimitada y solidaria (artículo 127).

Naturaleza

La característica esencial de esta sociedad es su naturaleza personalista. Esto supone que los socios no pueden transmitir a otra persona, sin el consentimiento del resto, el interés o participación que tienen en la compañía.

Forma

Los requisitos formales que se exigen para llevar a cabo la constitución de una sociedad colectiva son los mismos que los requeridos para la constitución de todas las sociedades, tanto en orden a las condiciones esenciales del contrato como en lo que atañe a sus requisitos formales.

El contrato se debe formalizar en escritura pública e inscribirse en el Registro mercantil (artículo 119 del Código de comercio).

Los requisitos que se exigen para la constitución de la sociedad colectiva son los siguientes:

— el nombre, apellido y domicilio de los socios;
— el domicilio social;
— el objeto social;
— la fecha de comienzo de las operaciones;
— la razón social;
— el nombre y apellido de los socios a quienes se encomiende la gestión de la sociedad y el uso de la firma social;
— la aportación de capital que realiza cada socio;
— la duración de la sociedad;
— las cantidades que se asignen a cada socio para sus gastos particulares.

Con independencia de todas las menciones que deben figurar en cualquier escritura, los socios también pueden incorporar cuantos pactos lícitos y condiciones especiales consideren convenientes, siempre que no sean contrarios a la ley, a la moral o al orden público.

En el apéndice puede verse un modelo de estatutos de una sociedad colectiva (pág. 115).

Personalidad jurídica

Desde el momento en que la sociedad se constituye en escritura pública y se inscribe posee plena entidad jurídica para actuar dentro del ámbito mercantil. Con frecuencia, la sociedad se constituye pero no se inscribe, hecho que no le impide desarrollar su actividad. Sin embargo, como esta sociedad no tiene personalidad jurídica propia y carece de publicidad lo que proporciona una seguridad jurídica y garantía para y con terceros, los actos realizados con terceros se podrán anular.

En cuanto a las relaciones jurídicas, podemos distinguir entre relaciones jurídicas internas y relaciones jurídicas externas.

RELACIONES JURÍDICAS INTERNAS

Son las que se establecen entre el socio y la sociedad y tienen carácter estrictamente societario. Son las siguientes:

— las obligaciones entre los socios;
— las obligaciones de aportación de capital;
— la participación en pérdidas y ganancias de los socios;
— los resarcimientos de gastos e indemnización por daños y perjuicios;
— la prohibición de concurrencia de los socios;
— la gestión de la sociedad;
— la adopción de los acuerdos sociales.

RELACIONES JURÍDICAS EXTERNAS

Este tipo de relaciones comprenden las que se establecen entre la sociedad y los terceros, ya se trate de socios en calidad de terceros o terceros no socios. Abarca:

— el ámbito de representación;
— la responsabilidad;
— la transmisión de las participaciones sociales;
— la escritura pública y el registro mercantil;
— las obligaciones de los socios.

Obligaciones y características

Destacamos las siguientes obligaciones de los socios:

a) Aportación capital. El socio debe aportar el capital acordado con el resto de socios para constituir la sociedad. En el supuesto de que el socio no haya realizado íntegramente su aportación al tiempo de constituirse la sociedad, tendrá la obligación de hacerlo. El socio puede ser un persona jurídica, si bien esta deberá estar representada por una persona física.

b) Prohibición de concurrencia de los socios. Se trata de una clara manifestación del carácter personalista de la sociedad y de la fidelidad de los socios para con la compañía. Esto supone que los socios no puedan competir con la sociedad a la que pertenecen.

Podemos distinguir dos supuestos:

a) Cuando la sociedad no tiene un género determinado de comercio: en el artículo 136.7 del Código de comercio se establece que el socio necesita la autorización de la sociedad para cualquier negocio por cuenta propia, siempre y cuando este pueda suponer un perjuicio manifiesto para la compañía.

b) Cuando la sociedad tiene un género de comercio determinado: en el artículo 137 del Código de comercio se establece que el socio podrá llevar a cabo cualquier actividad si no coincide con el objeto de la sociedad. El socio industrial no puede ocuparse de ninguna clase de actividad si carece de la autorización de la sociedad.

Es necesario que en la escritura conste el nombre de los socios a los que se les confiere la gestión de la sociedad. Si en la escritura no se expresa lo contrario, los socios pueden gestionar colectivamente la compañía y regirá el principio de mancomunidad en el supuesto de que no se acuerde otra cosa distinta.

Los socios también pueden acordar fijar un sistema de administración solidaria. Esto supone que los administradores actuarán de forma indistinta y no conjuntamente.

Los gestores están obligados a rendir cuentas a la junta general de socios y a desempeñar su función con la mayor diligencia. Asimismo, están obligados a indemnizar por los daños causados a los intereses sociales por malicia, abuso de facultades o negligencia grave.

El socio está obligado a soportar las pérdidas en la forma o medida previstas en el contrato o, en su defecto, a prorrata de la porción de interés que el socio posea en la sociedad. Si la sociedad tiene bienes suficientes, las pérdidas van a cargo del patrimonio social; de ahí que el artículo 141 del Código de comercio sólo entre en juego cuando los bienes sociales no satisfagan a los acreedores y estos exijan el pago de las deudas; entonces los socios deberán soportar las pérdidas sobre sus bienes particulares, pudiendo exigir la sociedad a cada socio que contribuya con la parte que le corresponda.

El pacto realizado entre los socios que excluya de la participación de estos en las pérdidas de la sociedad debe reputarse nulo, por ser contrario a la esencia de la sociedad que un socio puede participar de los beneficios y no asumir el riesgo en caso de pérdidas.

Derechos de los socios

Son los siguientes:

a) *Derecho a participar en la gestión social.* El socio tiene derecho a participar en la administración y a ser informado de cuanto ocurra en la empresa. El derecho a participar en la gestión de la sociedad se concede a todos los socios, y así consta en el artículo 129 del Código de comercio en el supuesto de que el contrato no confiera la administración exclusiva a alguno de ellos.

b) *Derecho a la información.* Los socios tienen el derecho de conocer la marcha, buena o mala, de las operaciones sociales. A todos los socios, administren o no la compañía, se les concede este derecho a la información y, en particular, a examinar el estado de la administración y de la contabilidad. Cualquier socio podrá solicitar las aclaraciones que sean necesarias y hacer las reclamaciones que crea convenientes para interés común.

c) *Participación en las ganancias.* Uno de los derechos fundamentales de los socios es el de participar en las ganancias y en el patrimonio resultante de la liquidación. Para el reparto de las mismas deberá esperarse al término de la sociedad, porque sólo entonces será factible saber si la empresa social ha producido pérdidas o ganancias, si bien ello se realiza en función del resultado del balance anual para cada ejercicio social.

El Código de comercio reserva a los socios la facultad de regular en el contrato social el modo en que han de repartirse las ganancias pero, en defecto del pacto, ordena que se dividan a prorrata de la porción de interés (participación) que cada cual tuviere en la compañía, debiendo entenderse por interés el importe de la aportación real de cada socio.

El contrato puede romper el principio proporcional a favor de unos socios y en detrimento de otros, pero será nula, por leonina, la cláusula que excluya a cualquier socio de toda participación en los beneficios. La nulidad de esta cláusula no entrañará la nulidad de la sociedad.

¿Es lícito el pacto que confiere anualmente a alguno de los socios un pago de interés o unos beneficios fijos? Sólo se podrá admitir su validez si el pago de interés se establece cuando existan ganancias reales y el montante del mismo no absorba todas las ganancias, ya que de otro modo quedarían excluidos del reparto los demás socios.

Como veremos más adelante, las sociedades no están obligadas a repartir el importe total de las ganancias que hayan obtenido en cada ejercicio económico. La sociedad, según la práctica usual, puede constituir reservas voluntarias sustrayendo al reparto una parte de los beneficios anuales, e incluso suspender el reparto de beneficios en algún ejercicio social cuando las necesidades de la empresa así lo exijan.

El derecho del socio a participar en el patrimonio resultante de la liquidación de la sociedad también es un derecho de naturaleza patrimonial que tendrá lugar cuando se proceda a la liquidación de la sociedad y exista un patrimonio repartible superior al montante de lo aportado por los socios. El socio tiene derecho a participar en el reparto del haber social en el modo o medida que fije el contrato y, en su defecto, a prorrata de su parte de interés o participación.

Responsabilidades de los socios

La sociedad responde de las deudas sociales con todo su patrimonio, pero también responden de las deudas sociales los socios de acuerdo con los términos del artículo 127 del Código de comercio, que establece lo siguiente: «Todos los socios que formen la compañía colectiva, sean o no gestores de la misma, estarán obligados personal y solidariamente, con todos sus bienes, a las resultas de las operaciones que se hagan en nombre y por cuenta de la compañía, bajo la firma de esta y por persona autorizada para usarla».

Por lo tanto, primero será la sociedad con su patrimonio quien responderá de las deudas sociales y, posteriormente y de forma subsidiaria, lo harán los socios con sus bienes personales.

Esta afirmación se desprende de la redacción del artículo 237 del Código de comercio cuando dispone: «Los bienes particulares de los socios colectivos que no se incluyeron en el haber de la sociedad al formarse, no podrán ser ejecutados para el pago de las obligaciones contraídas por ella sino después de haber hecho exclusión del haber social».

Administración

La gestión puede encomendarse a un administrador o a varios, quienes podrán actuar de forma conjunta o por separado.

Si los socios no establecen quiénes se encargarán de la gestión de la sociedad, todos tendrán la obligación de gestionarla, según se desprende en los artículos 128 y 129 del Código de comercio

Así, en el artículo 128 del Código de comercio se afirma: «Los socios no autorizados debidamente para usar de la firma social no obligarán con sus actos y contratos a la compañía, aunque los ejecuten a nombre de esta y bajo su firma. La responsabilidad de tales actos en el orden civil o penal recaerá exclusivamente sobre sus autores». Y en el artículo 129 del Código de comercio se lee: «Si la administración de las compañías colectivas no se hubiere limitado por un acto especial a alguno de los socios, todos tendrán la facultad de concurrir a la dirección y manejo de los negocios comunes, y los socios presentes se pondrán de acuerdo para todo contrato u obligación que interese a la sociedad».

Transmisión de la participación social

Una de las características esenciales de la sociedad es su naturaleza personalista, que conlleva la prohibición de transmitir a otra persona la participación en la compañía sin la previa autorización de los demás socios. Los socios han sido elegidos por sus condiciones personales y han establecido vínculos de recíproca confianza. Por lo tanto, la salida de un socio y la entrada de otra persona es una modificación de la sociedad que, lógicamente, no puede hacerse de modo unilateral.

La prohibición de transmitir la participación a otra persona puede incluir la transmisión de socio a socio porque los socios responden personalmente de las deudas sociales, y la simple salida de un socio, aunque no implique la entrada de otra persona, puede traer consecuencias muy graves para la sociedad. Ni siquiera la sucesión *mortis causa* implica la entrada automática en la sociedad de los herederos del socio difunto. Si no existe pacto de continuidad de la sociedad con los herederos del fallecido, la sociedad se disolverá (o continuará entre los socios supervivientes) sin que dichos herederos tengan otro derecho que el de obtener la liquidación de la parte correspondiente a su causante. La transmisión de la participación de un socio, al implicar una modificación de la escritura social, deberá ser inscrita en el Registro mercantil.

La sociedad comanditaria

Concepto y naturaleza

La sociedad en comandita o comanditaria es, como la colectiva, una forma asociativa de origen medieval, regulada en los artículos 145 a 150 del Código de comercio. Es el resultado de la evolución

| **Concepto** | Dos o más personas se agrupan para aunar sus aportaciones en un fondo común que se explotará con fines mercantiles. |

Sociedad colectiva

Función económica	Colaboración entre los socios
	Interdependencia entre los miembros
	Confianza entre ellos

| **Razón social** | Se forma con el nombre de los socios o bien con el de alguno de ellos y la expresión *y compañía*. |

Régimen jurídico

| Obligaciones de los socios |
| Efectuar su aportación |
| No inmiscuirse en los cometidos de los administradores |

Responder de las deudas sociales	Personalmente
	Solidariamente
	Subsidiariamente

| Derechos de los socios |
| Participar de las ganancias sociales |
| Reintegro de los gastos realizados por cuenta de la sociedad |
| Indemnización de los perjuicios |
| Administración de la sociedad |

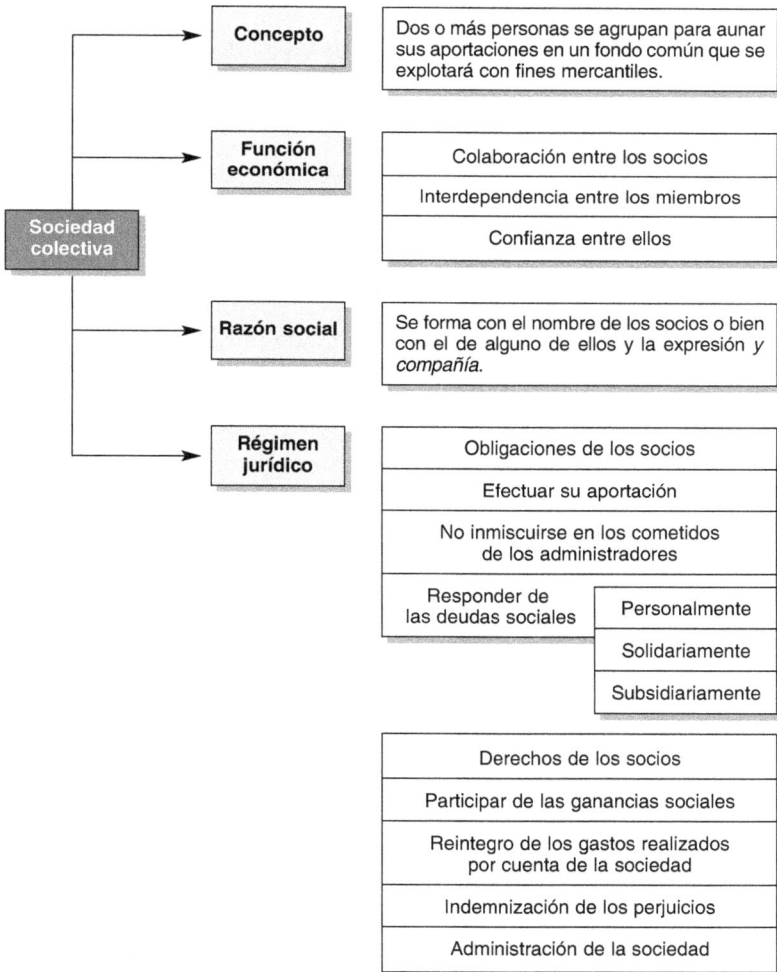

de la sociedad colectiva, desde el momento en que se concede a unos socios capitalistas, y no gestores (los socios comanditarios), que formen parte de la sociedad.

Podemos definir la sociedad en comandita como aquella en la que, bajo una razón social, unos socios (colectivos) responden con todos sus bienes del resultado de la gestión social, mientras otros (comanditarios) responden solamente con los fondos que pusieren o se obligasen a poner en la sociedad.

La característica esencial de la sociedad comanditaria es la existencia de dos clases de socios, con distinta responsabilidad por parte de cada uno de ellos, que es el elemento diferenciador respecto de la sociedad colectiva.

Al igual que la sociedad colectiva, la comanditaria:

— funciona con una razón social, formada por los nombres de los socios colectivos. Nunca podrán incluirse los de los socios comanditarios;
— constituye una comunidad de trabajo, si bien en esa comunidad de acción no participan los socios comanditarios privados de toda injerencia en la gestión social;
— tiene plena autonomía patrimonial;
— aunque existan socios capitalistas (los comanditarios), la preponderancia que en la sociedad tienen los socios colectivos permite incluir holgadamente la sociedad en comandita entre las sociedades personalistas; aparte de que las condiciones personales de los comanditarios tienen una función en la constitución de la sociedad.

Forma

Los requisitos legales para su constitución son los mismos que rigen para la sociedad colectiva. Aparte de las exigencias formales del artículo 119 del Código de comercio (la constitución en escritura pública e inscripción en el Registro mercantil), el Código de comercio se limita a afirmar que en la escritura social de la compañía en comandita constarán las mismas circunstancias que en la colectiva. Naturalmente habrá que especificar en la escritura quiénes son los socios comanditarios y quiénes los colectivos, señalando con claridad el capital aportado por cada uno de ellos.

Obligaciones de los socios

Debemos distinguir el estatuto jurídico de los socios colectivos del de los comanditarios.

Los socios colectivos se rigen por las mismas normas que los pertenecientes a la sociedad colectiva. El artículo 148 del Código de comercio se ciñe a las reglas que rigen la sociedad colectiva y especifica que los socios colectivos de la sociedad en comandita tendrán los mismos derechos y obligaciones que los de la compañía colectiva (remitimos al lector al apartado relativo a los derechos y obligaciones de los socios en la sociedad colectiva).

Los socios comanditarios conforman el prototipo de socio capitalista. Entran como socios con la única finalidad de aportar una determinada parte del capital social. El socio comanditario, a diferencia del colectivo, no pone en la sociedad más que su capital y sólo con él responde de las pérdidas y de las deudas sociales. Por lo demás, el deber de aportar se rige por los principios comunes y su incumplimiento puede dar lugar a la rescisión parcial del contrato frente al socio incumplidor.

El socio comanditario está obligado, como los socios colectivos, a indemnizar a la sociedad por los daños causados por malicia, abuso de facultades o negligencia grave, según lo dispuesto en el artículo 144 del Código de comercio.

En cuanto a las pérdidas sociales, el socio comanditario responderá de las mismas con su aportación realizada a la sociedad, en proporción a su participación del capital. A diferencia del socio colectivo, en ningún caso responderá con su patrimonio personal de las deudas sociales de la compañía. Las pérdidas que excedan del patrimonio social serán cubiertas por la responsabilidad ilimitada de los socios colectivos.

Al socio comanditario no se le impone la obligación de no realizar una actividad igual o similar a la que desarrolla la sociedad (cláusula de no concurrencia). Esto se explica por su carácter de socio capitalista; pero, en cambio, se le prohíbe incluir su nombre en la razón social e inmiscuirse en operaciones de administración, como veremos más adelante.

El socio comanditario participa, al igual que el socio colectivo, de las ganancias y beneficios que obtenga la sociedad, así como del patrimonio repartible en el caso de liquidación de la compañía.

Transmisión de la participación

La sociedad en comandita, como sociedad personalista, tiene prohibida por parte de sus socios la transmisión de su cuota de participación si no es con el consentimiento unánime del resto de los socios colectivos y comanditarios.

Administración

La gestión administrativa de las sociedades en comandita compete exclusivamente a los socios colectivos. Los socios comanditarios no podrán participar en la administración de la sociedad, tal y como se establece en el artículo 148 del Código de comercio.

Esta exclusión obedece a que el socio comanditario no responde de las deudas sociales ilimitadamente como sí lo hace el socio colectivo, y que podría inducirle a realizar operaciones demasiado arriesgadas.

El socio comanditario no puede aprobar ni desaprobar las operaciones sociales, ni realizar acto alguno en nombre de la sociedad. La ley abunda en esta prohibición cuando dispone que ni en calidad de apoderado de los gestores puede el comanditario participar en la administración.

Dicha prohibición no alcanza los acuerdos de modificación del contrato, de fusión o de transformación de la sociedad y de cesión de las participaciones sociales; en estos actos, de no existir pacto social, puede y debe intervenir el socio comanditario, porque en ellos ni hay limitación de responsabilidad patrimonial ni corren peligro los intereses de los terceros, faltando así toda razón para que el socio comanditario deje de intervenir en aquellos actos que pueden afectarle.

La vulneración de la prohibición de administrar que rige para los socios comanditarios puede ser sancionada con la rescisión del contrato frente al socio culpable. Pero, aparte de esta eventual sanción, por analogía a lo establecido en el artículo 128 del Código de comercio, el socio comanditario no obligará con sus actos y contratos a la sociedad, aunque los ejecute en nombre de esta y bajo su firma, y la responsabilidad de tales actos en el orden civil o penal recaerá sobre su autor. Todo ello sin perjuicio de indemnizar a la sociedad por el daño que por su injerencia en la administración haya podido causarle el comanditario.

En consecuencia, los socios colectivos gestionarán y administrarán la sociedad comanditaria, rigiéndose por las normas de la sociedad colectiva en cuanto a organización, representación y responsabilidad.

Responsabilidad

La sociedad en comandita y sus socios colectivos están sometidos al régimen de responsabilidad que expusimos al referirnos a las sociedades colectivas. Asimismo, también hemos descrito el tipo de responsabilidad que tienen los socios comanditarios, y que se limita a los fondos y aportaciones realizados en la sociedad en comandita.

Cuando el socio comanditario haya entregado a la sociedad el importe total de su aportación quedará liberado de cualquier responsabilidad personal frente a la sociedad y a los acreedores sociales; sufrirá las pérdidas hasta el límite de los bienes aportados, pero los acreedores sociales no podrán reclamarle para compelerle al pago de las deudas que no hayan podido ser satisfechas con el patrimonio social.

En cambio, si el comanditario no hubiese aportado al fondo común todo el capital a que estuviese obligado, aparte de su responsabilidad frente a la sociedad, responderá personalmente frente a los acreedores sociales hasta el importe de la parte de capital no aportado.

| Concepto | Dos o más personas se agrupan para aunar sus aportaciones en un fondo común que se explotará con fines mercantiles. |

Sociedad comanditaria

Régimen jurídico	Socios colectivos	Responden ilimitadamente de las deudas que pueda contraer la sociedad
		Asumen los mismos derechos y obligaciones que en la sociedad colectiva
	Socios comanditarios	Limitación de la responsabilidad
		Innominación de la razón social
		Prohibición de gestionar la actividad social
		Derecho de información restringido

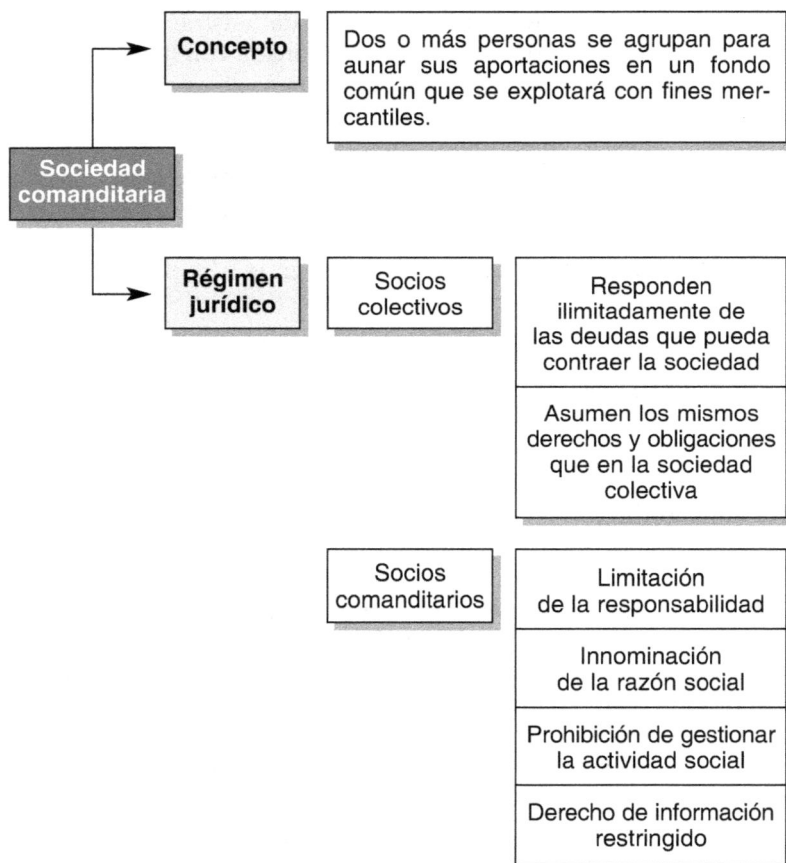

La sociedad comanditaria por acciones

Concepto y naturaleza

La sociedad comanditaria por acciones es un subtipo de la sociedad comanditaria simple. Su capital social está representado por acciones.

Este tipo de sociedad se desarrolló en Francia en el siglo XVIII, cuando las sociedades colectivas comenzaron a caer en desuso. El Código de comercio no dicta ninguna norma en especial sobre la misma.

Esta particularidad que acentúa el carácter capitalista de los socios comanditarios y debilita el elemento personalista de la sociedad comanditaria la desplaza hacia la sociedad capitalista. Sin embargo, la sociedad sigue siendo comanditaria en su constitución, organización y funcionamiento, si bien con las especialidades que se exponen más adelante.

Por lo tanto, nos encontramos ante una sociedad de corte capitalista, poco utilizada en la práctica mercantil actual y que permite aplicar a su funcionamiento interno las reglas establecidas para las sociedades anónimas, donde los accionistas que no sean administradores no responderán personalmente de las deudas sociales. Así, al igual que la sociedad comanditaria simple, es una forma social apropiada para emprender negocios concebidos y organizados por personas dotadas con capacidad comercial y espíritu de empresa, pero que carecen de capital suficiente y buscan socios capitalistas que acepten la no injerencia en la gestión y administración de la compañía.

Régimen aplicable

Con la promulgación de la Ley 19/89, de 25 de julio, de reforma parcial y adaptación de la legislación española a las directivas de la CEE en materia de sociedades, se ha abordado, por vez primera, una perspectiva legislativa y con criterios sistemáticos, es decir, el tratamiento de la sociedad comanditaria por acciones, figura que no contaba hasta esa fecha con otro marco normativo que las escasas referencias contenidas en los artículos 154 a 174 del Código de comercio.

La nueva disciplina, contenida en los artículos acabados de mencionar, así como en los artículos 182 a 184 del reglamento del Registro mercantil, se complementa por la vía de una permanente remisión a la Ley de sociedades anónimas, de la que sólo se aparta para regular determinados aspectos relacionados con el estatuto de los socios administradores. Por lo tanto, la Ley de sociedades anónimas será de aplicación a esta sociedad, salvo que resulte incompatible con el Código de comercio.

Forma

Dicha sociedad se constituye en escritura pública mediante la aportación de capital de cada uno de los socios, quienes suscribirán al menos una acción. Ello no obsta para que la sociedad comanditaria por acciones pueda subsistir con un único accionista, siempre que este asuma la posición jurídica de administrador y quede sujeto a la responsabilidad propia de los socios colectivos.

Al igual que la sociedad colectiva y en comandita, deberá inscribirse en el Registro mercantil correspondiente.

Las especialidades de la sociedad comanditaria por acciones se manifiestan en el ámbito estatutario y en la configuración legal de la razón social, como veremos más adelante.

Tal y como dispone el artículo 151 del Código de comercio, la sociedad en comandita por acciones tendrá un capital mínimo de 10 millones de pesetas, dividido en acciones, formado por las aportaciones de los socios, de los que, como mínimo, uno responderá de las deudas sociales como socio colectivo en los términos previstos en los artículos 127 y 137 del Código de comercio que regulan la sociedad colectiva. En la escritura fundacional deberá constar el número de acciones suscrito por cada socio comanditario, el valor nominal de las mismas, si son acciones nominativas o al portador, el capital desembolsado por cada acción y el modo en que han de satisfacerse en su caso los dividendos pasivos.

Obligaciones de los socios

La participación social del socio comanditario, en el supuesto que pretendiera venderla a un tercero, no requerirá el consentimiento de los demás socios, a no ser que el contrato social limite la libre transmisibilidad de las acciones exigiendo este requisito.

Responsabilidad

A diferencia de la responsabilidad de los socios comanditarios en la sociedad comandita simple, en la que responden personalmente frente a la sociedad y a los acreedores sociales por el importe de la parte del capital que hubieran aportado, el comanditario accionista, por analogía con el accionista de la sociedad anónima, debe reputarse responsable frente a la sociedad por la porción de capital no desembolsado, pero no frente a los acreedores de esta.

Los socios colectivos responderán de forma personal y subsidiaria de las deudas sociales.

Administración

El artículo 155 del Código de comercio establece que la administración de la sociedad ha de estar a cargo de los socios colectivos, quienes tendrán las facultades, los derechos y los deberes de los administradores en la sociedad anónima. El nuevo administrador asumirá la condición de socio colectivo desde el momento en que acepte el nombramiento. Su cese como administrador pondrá fin a su responsabilidad ilimitada en cuanto a las deudas sociales que se contraigan con posterioridad a la publicación de su inscripción en el Registro mercantil.

La sociedad anónima

Antecedentes históricos

Durante los siglos XVII y XVIII, en pleno desarrollo del comercio con las Indias Orientales y Occidentales, cada comerciante tenía su

Sociedad anónima	Sociedad comanditaria por acciones	Sociedad comanditaria simple

propio negocio, lo que le resultaba muy costoso por los gastos que debía sufragar.

A partir de aquí surgió la idea de crear una sociedad en la que cada socio aportase un capital (acciones). De esta forma surgieron las compañías coloniales, que llegaron a atesorar gran cantidad de dinero procedente de distintas capas sociales. Estas ganancias se dividían en participaciones susceptibles de transmisión; asimismo, la responsabilidad se establecía en función de la aportación realizada.

En España aparecieron las primeras compañías coloniales en el siglo XVII. Eran de carácter semipúblico y, entre otras, destacamos la Real Compañía Guipuzcoana de Caracas, la Compañía de la Habana y la Real Compañía de Filipinas.

En el siglo XIX, a medida que progresan las condiciones e ideas sobre las que se asienta el orden capitalista (libre iniciativa económica y propiedad privada), se produce la privatización de las compañías, convirtiéndose en un tipo ordinario de sociedad a la que se unen las compañías tradicionales del ámbito mercantil (colectiva y comanditaria).

La fundación de la sociedad anónima es libre siempre que se cumplan los requisitos legales reflejados en los estatutos y se sometan al control de legalidad y publicidad registral pertinentes.

A lo largo del siglo XX alcanza un extraordinario desarrollo la sociedad anónima (SA) en todos los países occidentales, poniéndose de manifiesto varios fenómenos que afectan a la función financiera y a la función organizativa del poder de la sociedad anónima.

Se consideró que la sociedad anónima debía ser una forma jurídica que sirviera predominantemente a las exigencias financieras y organizativas de las empresas de gran envergadura económica, mientras que la sociedad de responsabilidad limitada (SRL) debía emplearse como instrumento para aquellas empresas de volumen económico modesto y de menor número de socios, lo que se tradujo en una regulación de la sociedad anónima mucho más completa que la anterior y, en muchos aspectos, dirigida a proteger los intereses de los accionistas y de los acreedores de la sociedad.

Hasta 1989, la sociedad anónima ha sido la sociedad por excelencia; sin embargo, a partir de la reforma de 1992, la sociedad de responsabilidad limitada ha pasado a ser la forma societaria más utilizada, por ser más accesible a empresas familiares pequeñas, debido a que sólo se requiere un capital mínimo de 3.005,06 euros para su constitución.

La duda que muchas veces se nos plantea es qué es mejor para explotar una sociedad de tamaño medio o pequeño: una sociedad anónima o una de responsabilidad limitada.

A tal fin, ofreceremos más adelante un cuadro comparativo de las características principales de ambas formas societarias, pero podemos ya adelantar que sus diferencias son de matiz, sin que podamos llegar a decantarnos por un tipo u otro de empresa.

Sí es cierto que las grandes sociedades deben adoptar la forma anónima, puesto que están obligadas a ello por normas especiales. Así, por ejemplo, las sociedades que deseen cotizar en Bolsa deben ser anónimas, al igual que los bancos o las compañías de seguros. Asimismo, si una sociedad pretende emitir obligaciones, la ley establece que adopte la forma de sociedad anónima.

En general se puede afirmar que la sociedad limitada permite una mayor flexibilidad en cuanto a la redacción de sus estatutos (normas básicas de su funcionamiento) y su régimen de publicidad mercantil es más simple (nos referimos a los anuncios relativos a actos que afectan a la sociedad, como el traslado de su domicilio, cambio de denominación, etc.).

Otro aspecto importante es el relativo a la cifra de capital imprescindible para iniciar la actividad económica. Para las «sociedades limitadas» es suficiente con 3.005,06 euros; sin embargo, para las anónimas se exige un capital de 15.025,3 euros (cinco veces más).

Régimen aplicable

La sociedad anónima se regula por el Real decreto legislativo 1.564/89, de 22 de diciembre, por el que se aprueba el texto refundido de la Ley de sociedades anónimas, las normas del reglamento del Registro mercantil y el Código de comercio.

El Código de comercio de 1885 contenía un concepto defectuoso de la sociedad anónima y un insuficiente régimen jurídico. Para paliar estas carencias, se promulgó la Ley de 17 de julio de 1951 sobre el régimen jurídico de las sociedades anónimas.

En 1989 se promulgó la actual Ley de sociedades anónimas de reforma parcial y adaptación de la legislación mercantil a las directivas de la Comunidad Económica Europea (CEE) en materia de sociedades.

Concepto

El artículo 1 de la Ley de sociedades anónimas afirma que el capital, que estará dividido en acciones, estará constituido por las aportaciones de los socios, quienes no responderán personalmente de las deudas sociales.

Por lo tanto, cabe destacar, como característica esencial de la sociedad anónima, que lo importante son las aportaciones de los socios y no su condición personal.

La sociedad se constituye con un capital mínimo de 10 millones de pesetas, en moneda, y representado en acciones, que confieren a su titular la condición de socio.

Es una sociedad capitalista de responsabilidad limitada, en la que el socio se obliga a entregar a la sociedad el importe de las acciones que haya suscrito, respondiendo frente a la misma del incumplimiento de esa obligación, pero sin responsabilidad personal alguna por las deudas sociales. De esta forma, los acreedores sociales no pueden dirigir sus acciones contra los socios para la satisfacción de sus créditos.

En cuanto a su capital social, la sociedad anónima se distingue:

— de la sociedad colectiva, que no tiene el capital dividido en acciones ni conoce socios limitadamente responsables;
— de la sociedad comanditaria simple, en la que, aparte de lo relativo a las acciones, la responsabilidad limitada sólo alcanza a los socios comanditarios;
— de la comanditaria por acciones, en la que, aparte de lo expuesto, sólo una parte del capital se representa por acciones;
— de la sociedad de responsabilidad limitada, que no puede tener el capital social dividido en acciones sino en participaciones.

Forma y requisitos de constitución

La sociedad anónima debe constituirse en escritura pública e inscribirse en el Registro mercantil. Con la inscripción adquirirá su personalidad jurídica y se publicará en el *Boletín Oficial del Registro mercantil* (BORME), en el que se consignarán los datos relativos a su escritura de constitución que reglamentariamente se determinen.

La constitución de la sociedad anónima debe reunir los siguientes requisitos:

a) Denominación social. La sociedad anónima no tiene razón social, sino que funciona bajo una denominación libremente elegida que puede ser de pura fantasía, adecuada a la naturaleza de la empresa social o consistente, incluso, en un nombre o combinación de nombres personales.

El nombre elegido para denominar la sociedad no puede ser contrario a la ley, al orden público y a la costumbre, y no pueden usarse denominaciones que lleven a confusión o error.

La certificación de la denominación social se solicita al Registro mercantil central, en la sección de denominaciones, que se encarga de examinar que no exista otro nombre y que la denominación solicitada cumpla con la legislación vigente.

En la denominación de la compañía deberá figurar la indicación «Sociedad Anónima» o las siglas SA. No se podrá adoptar un nombre idéntico al de otra sociedad existente.

El cambio de denominación supone la modificación de los estatutos, su publicidad y su inscripción en el Registro mercantil.

b) El capital mínimo. El capital desempeña una función de extraordinaria importancia. Todas las sociedades se constituyen con un capital, cuyo importe habrá de figurar en la escritura fundacional como mención inexcusable de los estatutos. La ley establece, como veremos más adelante, que en los estatutos que han de regir el funcionamiento de la sociedad se haga constar, entre otros datos, «el capital social», expresando el número de acciones en que estuviera dividido, el valor nominal de las mismas, su categoría y si son nominativas o al portador.

El capital social no puede ser inferior a 60.101,21 euros.

De las aportaciones de los socios deberá indicarse el número de acciones que suscribe cada uno atribuidas en pago de la aportación realizada.

En la sociedad anónima es obligatorio desembolsar, como mínimo, el 25 % del capital social, debiendo expresarse la parte de su valor no desembolsado, así como la forma y el plazo máximo en que han de satisfacerse los dividendos pasivos.

Este desembolso mínimo tendrá que afectar a todas las acciones. No es legal desembolsar la mitad de las acciones en un 10 % y el resto en un 40 %, para completar así el 25 % del capital nominal total. La exigencia legal está fundada en la conveniencia de que las sociedades inicien su singladura con un mínimo de fondos de disposición inmediata.

No deben confundirse los conceptos de capital social y de patrimonio social. En sentido estricto, al hablar de capital social se alude a la cifra escriturada, suma de los valores nominales de las acciones que en cada momento tenga emitidas la sociedad. Por el contrario, el concepto de patrimonio social se refiere al conjunto de derechos y obligaciones de valor pecuniario que pertenecen a la persona jurídica.

En el momento fundacional de las sociedades es frecuente que coincidan la cifra-capital y el importe o montante del patrimonio social (integrado por los fondos que los socios invierten en la sociedad); pero esa coincidencia inicial desaparece cuando la sociedad comienza su actividad económica, repercutiendo sobre el patrimonio, que aumenta o disminuye, mientras que la cifra-capital permanece indiferente a las vicisitudes.

En la escritura de constitución de la sociedad se expresarán como datos imprescindibles:

a) Los nombres y apellidos y edad de los otorgantes, si estos fueran personas físicas, o la denominación o razón social, si son personas jurídicas, y, en ambos casos, la nacionalidad y el domicilio. Se admite la posibilidad de que se constituyan sociedades anónimas con un solo socio (sociedades anónimas unipersonales).

b) La voluntad de los otorgantes de fundar una sociedad anónima.

c) El metálico, los bienes o derechos que cada socio aporte o se obligue a aportar, indicando el título en que lo haga y el número de acciones atribuidas en pago.

d) La cuantía total de los pagos de constitución, tanto de los ya satisfechos como de los previstos hasta que aquella quede constituida.

e) Los estatutos destinados a regir el funcionamiento de la sociedad.

f) Los nombres, apellidos y edad de las personas que se encarguen de la administración y representación social, si fueran personas físicas, o su denominación social si fueran personas jurídicas. En ambos casos se ha de especificar su nacionalidad y domicilio, así como los de los auditores de cuentas de la sociedad.

Personalidad jurídica

Al igual que el resto de sociedades que hemos visto hasta ahora, la sociedad anónima requiere, para tener personalidad jurídica, que se constituya conforme a la ley y se inscriba en el Registro mercantil. Sin inscripción no hay personalidad jurídica frente a terceros, por lo que cualquier transacción y operación mercantil que se realice quedará amparada por los socios fundadores, quienes

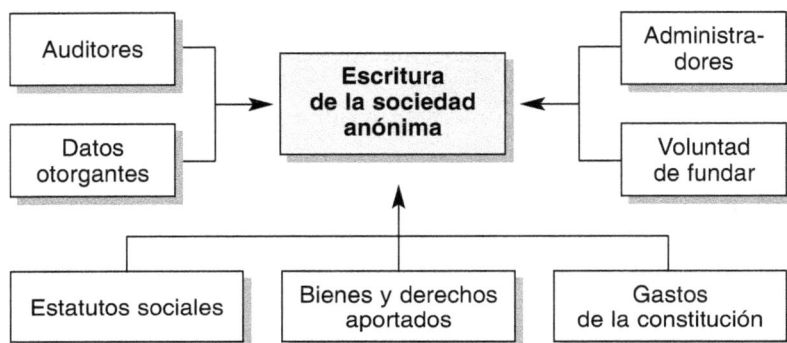

responderán personalmente con su patrimonio. En consecuencia, cabe afirmar que la inscripción en el Registro mercantil atribuye un valor constitutivo.

Esto no quiere decir que la escritura constituida y no inscrita no tenga valor, ya que los socios fundadores quedan vinculados por los pactos en ella contenidos y vienen compelidos a realizar cuantos actos y gestiones sean precisos para obtener la inscripción de la sociedad y dotarla de personalidad y vida externa.

De los contratos suscritos en nombre de la sociedad cuando esta no figura inscrita en el Registro, los gestores serán responsables frente a las personas contratadas en nombre de la sociedad.

Estatutos sociales

Los estatutos sociales, que obligatoriamente se acompañarán a la escritura fundacional, son las normas que rigen el funcionamiento de la sociedad.

En los estatutos sociales se hará constar:

a) La denominación social. Remitimos al lector a lo comentado al respecto. Recordemos que, en todo caso, deberá incluir la mención «Sociedad Anónima» o sus siglas SA.

b) El objeto social. El objeto social es la actividad que va desarrollar la compañía. Debe ser un objeto posible y lícito. La ilicitud del mismo es causa de nulidad de la sociedad de conformidad con lo dispuesto en el artículo 134 de la Ley de sociedades anónimas (LSA). El objeto puede englobar varias actividades más o menos relacionadas entre sí.

El objeto podrá realizarse por la propia sociedad o mediante la titularidad de acciones o participaciones en sociedades con objeto idéntico, análogo o parecido.

Puede ser modificado o sustituido por otro. Sin embargo, el cambio de objeto social reviste una gran trascendencia y la ley concede a los accionistas discrepantes el derecho de separarse de la sociedad.

c) La duración de la sociedad. La duración puede ser indefinida o determinada en el tiempo, y debe constar expresamente en los estatutos sociales.

Cuando la sociedad se constituye por un plazo de duración determinado, el vencimiento del mismo supone la disolución de pleno derecho de la compañía si antes este no ha sido prorrogado.

d) Fecha de inicio de las operaciones. También debe especificarse cuándo se inician las operaciones, lo que suele coincidir con el otorgamiento de la escritura y su inscripción en el Registro mercantil.

e) Domicilio social. La sociedad debe fijar su domicilio en territorio español. Se establecerá en el lugar en que se halle la representación legal de la sociedad o, en su defecto, donde radique alguna de sus explotaciones o la compañía ejerza las actividades propias de su objeto. En cualquier caso, el domicilio social habrá de ser único, aunque la sociedad tenga varias sucursales en distintos lugares.

También debe señalarse en los estatutos, el órgano competente para decidir o acordar la creación, la supresión o el traslado de las sucursales.

f) El capital social. En los estatutos deberá expresarse el capital social y la parte de su valor no desembolsado, así como la forma y el plazo máximo en que han de satisfacerse los dividendos pasivos.

g) Las acciones. Hay que incluir una serie de datos relativos a las acciones: el número de acciones, su valor nominal, su clase y serie. Si existieran varias, deberán expresar el valor nominal exacto, el número de acciones y derechos de cada una de las clases, el importe desembolsado y si están representadas por medio de títulos o de anotaciones en cuenta. En el primer caso, deberá indicarse si son nominativas o al portador y si se prevé la emisión de títulos múltiples.

h) Órgano de administración y representación de la sociedad. El órgano de administración es un órgano ejecutivo y representativo a la vez, cuya función es llevar a cabo la gestión cotidiana de la sociedad, tanto en sus relaciones internas como externas.

En los estatutos hay que determinar la estructura del órgano de administración de la sociedad, mencionando a los administradores a quienes se confiere el poder de representación así como su régimen de actuación, de conformidad con lo dispuesto en la ley y en el reglamento del Registro mercantil. El órgano de administración es necesario y permanente porque va a gestionar la actividad de la empresa y a adoptar aquellas decisiones encaminadas a la consecución del fin social.

El órgano de administración puede recaer en una persona o en varias. Pero el supuesto de administrador único es infrecuente en la sociedad anónima. Lo normal es que la administración se confíe a varias personas para que actúen conjuntamente en el consejo de administración. Se expresará el número máximo y el mínimo, así como el plazo de duración del cargo y el sistema de retribución de los administradores.

También es posible la designación de varios administradores con facultades solidarias, es decir, pudiendo actuar por sí solos en nombre de la sociedad. Sin embargo, dicho supuesto es infrecuente.

Cuando se cambia el sistema de administración deben modificarse los estatutos sociales. No hay que revisar los estatutos cuando se sustituyen a las personas que integran el órgano de administración.

i) Adopción de acuerdos. En los estatutos se expresará el modo en que los órganos de la sociedad deben deliberar y adoptar sus acuerdos.

j) Fecha de cierre del ejercicio social. Si no se indica en los estatutos, se entiende que el ejercicio social se cierra el 31 de diciembre de cada año.

k) *Restricciones a la libre transmisión de acciones.* Si se pretende restringir la transmisión de acciones de una sociedad anónima, deberá recogerse de forma expresa en los estatutos sociales. Así, si estos no disponen lo contrario, las acciones de una sociedad anónima serán libremente transmisibles.

l) *Régimen de las prestaciones accesorias.* Junto a la obligación básica del accionista de aportación del capital, la normativa permite establecer prestaciones accesorias obligatorias para los socios, basadas en obligaciones de hacer y no hacer.

m) *Derechos reservados a los fundadores de la sociedad.* En algunas sociedades, como contrapartida a tener la idea, realizar el esfuerzo y promover la constitución de la sociedad, a los socios fundadores se les otorga unas ventajas. Estas suelen consistir en una remuneración que debe recogerse en los estatutos sociales. Estos derechos suelen tener dos limitaciones:

— no pueden exceder el 10 % de los beneficios netos obtenidos según balance, y una vez deducida la cuota destinada a la reserva legal;
— no pueden disfrutarse durante más de 10 años.

Fundación de la sociedad anónima

La sociedad anónima puede constituirse de dos formas: simultánea o sucesiva. En ambos casos, y como hemos visto, es necesario el otorgamiento en escritura pública y su inscripción en el Registro mercantil.

Antes de inscribirse debe justificarse la liquidación del impuesto de Actos Jurídicos Documentados.

FUNDACIÓN SIMULTÁNEA

Son socios fundadores las personas que otorguen la escritura social y suscriban las acciones. Todos los socios habrán de concurrir al

Denominación	Objeto	Duración	Fecha de inicio

| Capital | | | Adopción de acuerdos |
| Número de acciones | → | **Estatutos de la sociedad anónima** ← | Ejercicio social |

Restricción de acciones	Prestaciones accesorias	Órgano de administración

otorgamiento de la escritura por sí mismos o por medio de un representante. Son partes en el contrato plurilateral y, entre todos, han de asumir en este acto el total de las acciones en que esté dividido el capital.

Fundación sucesiva

En la fundación sucesiva las acciones son suscritas públicamente. Tiene lugar cuando con anterioridad al otorgamiento de la escritura de constitución de la sociedad se realiza una promoción pública de la suscripción de las acciones por cualquier medio de publicidad o por la actuación de intermediarios financieros.

En la fundación por suscripción pública, los promotores comunicarán a la Comisión Nacional del Mercado de Valores el proyecto de emisión y redactarán el programa de fundación, con las indicaciones que juzguen oportunas, con los datos y condición personal, los estatutos, el plazo y las condiciones para la suscripción de las acciones.

El contrato de suscripción es un contrato *sui generis* de carácter formal, que debe llevarse a cabo siguiendo las pautas fijadas en el programa de fundación. Los promotores formalizarán ante notario la lista definitiva de suscriptores, mencionando el número de acciones que a cada uno corresponda, su valor nominal, así como la entidad de crédito que figure depositada a nombre de la sociedad más el total de los desembolsos recibidos de los suscriptores.

Dentro de los seis meses siguientes al depósito del programa de fundación en el Registro mercantil los promotores tienen que convocar la junta constituyente. La convocatoria debe publicarse en el *Boletín Oficial del Registro mercantil* (BORME).

Esta junta debe basarse en los siguientes puntos:

— aprobación de la gestión de los promotores;
— aprobación de los estatutos sociales;
— aprobación de las aportaciones realizadas por los suscriptores y de los valores otorgados a las aportaciones no dinerarias;
— aprobación de los beneficios reservados a los socios fundadores;
— nombramiento de administradores;
— delegación de poderes a las personas que otorgarán la escritura pública de constitución de la sociedad.

El *quorum* exigido para una celebración válida de la junta es de la mitad del capital suscrito. La representación para asistir y votar se regirá por lo establecido por la ley.

La adopción de acuerdos se tomará por los votos de cada suscriptor, quien tendrá derecho a los votos que le correspondan en función de su aportación. Los acuerdos se tomarán por una mayoría integrada, al menos, por la cuarta parte de los suscriptores concurrentes a la junta, que representen, como mínimo, la cuarta parte del capital suscrito.

Los promotores responderán solidariamente, frente a la sociedad y frente a terceros, de la realidad y exactitud de las listas de suscripción que han de presentar a la junta constituyente, de los desembolsos iniciales exigidos en el programa de fundación y de su adecuada inversión, de la veracidad de las declaraciones contenidas en dicho programa y en el folleto informativo, y de la realidad y entrega efectiva a la sociedad de las aportaciones no dinerarias.

Características y aspectos básicos de la sociedad anónima

A continuación examinaremos en detalle aquellos elementos esenciales que caracterizan la sociedad anónima.

Aportaciones de los socios

Como ya hemos visto con anterioridad, para constituir una sociedad se requiere que sus socios aporten un capital mínimo de 10 millones de pesetas. En la escritura de constitución deben constar los bienes y derechos que la sociedad se obliga a aportar, indicando el título y el número de aportaciones que se atribuyen a cada uno de los socios.

Tal y como dispone el artículo 36 de la Ley de sociedades anónimas, sólo podrán ser objeto de aportación los bienes o derechos patrimoniales susceptibles de valoración económica. En ningún caso podrán ser objeto de aportación el trabajo o los servicios prestados a la compañía. No obstante, en los estatutos sociales podrán establecerse con carácter obligatorio para todos o algunos accionis-

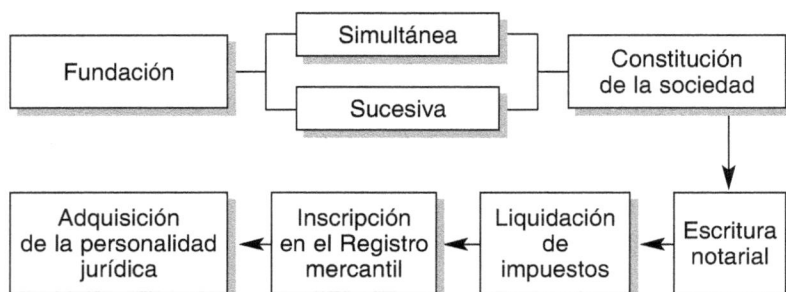

tas prestaciones accesorias distintas de las aportaciones de capital, sin que puedan integrar el capital de la sociedad.

La aportación dineraria puede consistir, por lo tanto, en dinero, en bienes muebles o inmuebles, en tecnología y en derechos a ellos asimilados.

Las aportaciones dinerarias, cualquiera que sea su naturaleza, habrán de ser objeto de un informe elaborado por uno o varios expertos independientes designados por el registrador mercantil conforme al procedimiento reglamentario que se disponga.

MEDIDAS PARA GARANTIZAR LA REALIDAD DE LA APORTACIÓN

Cuando se realiza una aportación no dineraria, existe una serie de medidas cautelares dirigidas a garantizar la realidad y la exacta valoración de las aportaciones en especie, para evitar los fraudes que por una u otra causa podrían perjudicar a la sociedad, a los restantes accionistas y a los futuros acreedores.

Dichas medidas son las siguientes:

a) La escritura de constitución ha de mencionar el valor que deba atribuirse a las aportaciones no dinerarias.

b) Los fundadores responden solidariamente de la realidad y de la valoración de estas aportaciones en especie.

c) El programa de la fundación sucesiva (por suscripción pública) mencionará la naturaleza y el valor de las aportaciones no dinerarias, expresará el nombre de los apostantes y contendrá una memoria explicativa sobre ellas.

d) La junta constituyente ha de aprobar el valor de las aportaciones no dinerarias.

e) La ley establece un minucioso régimen sobre la entrega, saneamiento y revisión de la valoración de las aportaciones. Si estas son no dinerarias deben valorarse en euros, dado que el capital social expresa una cifra en euros. En contraprestación a la aportación realizada, el socio recibe acciones que han de poseer, como máximo, el mismo valor nominal que la aportación realizada.

Los socios que realizan aportaciones no dinerarias están obligados a entregar y a sanear el objeto de la aportación en los términos establecidos por el Código civil para el contrato de compraventa. Con ello se pretende que la aportación realizada alcance el fin o utilidad que le es normal según su naturaleza.

Cuando la aportación consistiera en un derecho de crédito, el aportante responderá no sólo de la legitimidad de este, sino también de la solvencia del deudor. Cuando se aporta a la sociedad una empresa, se aplicará a la transmisión el artículo 1.532 del Código civil.

Por último, y para garantizar la valoración de las aportaciones, después de la constitución de la sociedad, los administradores deberán someter a revisión la valoración.

Posteriormente, los accionistas podrán solicitar del juez el nombramiento de un perito que revisará la valoración efectuada por los administradores.

En caso de divergencia entre las valoraciones, el juez resolverá cuál es la más adecuada a la realidad. Hasta que no finalice la revisión de la aportación no dineraria o no transcurra íntegramente el plazo marcado para ello por la Ley de sociedades anónimas, los fundadores aportantes no podrán obtener los títulos definitivos de sus acciones, lo que constituye una garantía más para asegurar la exacta valoración y aportación de lo comprometido por cada fundador.

Justificación de la aportación

Como ya hemos dicho con anterioridad, ante el notario en que se vaya a otorgar la escritura de constitución deberá acreditarse la realidad de la aportación.

Aportación dineraria

Se puede hacer una aportación dineraria de dos formas:

— entregando un certificado expedido por una entidad bancaria que acredite el ingreso de la aportación realizada a favor de la sociedad;

— entregar el dinero al mismo notario, para que constituya el depósito en la cuenta bancaria abierta a nombre de la sociedad.

APORTACIÓN NO DINERARIA

Cuando la aportación es no dineraria, esta ha de ser objeto de un informe elaborado por un experto independiente designado por el registrador mercantil. Este informe pericial deberá:

— describir cada una de las aportaciones no dinerarias;

— determinar los criterios de valoración que se hayan tenido en cuenta para valorar los bienes aportados;

— indicar si el criterio de valoración coincide con el número de acciones asignado a los accionistas.

El informe del experto independiente se incorpora como anexo a la escritura de constitución y se entregará una copia al Registro mercantil. En el supuesto que los valores asignados difieran de los que resultan del informe de los expertos en más de un 20 %, el registrador no inscribirá la escritura de constitución. Si la aportación consiste en bienes muebles o inmuebles, o derechos asimilados, la persona que aporte los mismos está obligada al saneamiento de los mismos en los términos que dispone el Código civil para la compraventa.

La acción en la sociedad anónima

Las participaciones sociales de una sociedad anónima reciben el nombre de acción. Una acción representa una parte alícuota del capital social.

Es un documento al que se incorpora la condición de accionista, quien participa en el capital.

Las acciones se representan por medio de títulos y anotaciones en cuenta. Los títulos deben extenderse en libros-talonario, numerarse correlativamente y contener los datos que exige la Ley de sociedades anónimas.

DIVIDENDOS PASIVOS

El accionista tiene la obligación de realizar la aportación a la que se comprometió, en el supuesto de no haber desembolsado el 100 % del capital suscrito en el momento de la constitución.

Los dividendos pasivos son aquella parte de la aportación que el socio todavía no ha realizado; por lo tanto, el accionista es un deudor de la sociedad. Este se encuentra en mora cuando ha vencido el plazo fijado por los estatutos sociales para el pago de la porción de capital o el acordado o decidido por los administradores de la sociedad.

Cuando ello ocurra, el accionista en mora no podrá ejercer el derecho de voto. El importe de sus acciones será deducido del capital social para el cómputo del quórum. Tampoco tendrá derecho a percibir dividendos ni la suscripción preferente de nuevas acciones ni de obligaciones convertibles.

Además, en este supuesto, la sociedad podrá reclamar el cumplimiento de la obligación de desembolso con abono del interés legal y de los daños y perjuicios causados por la morosidad o enajenar las acciones por cuenta y riesgo del socio moroso.

RESERVAS SOCIALES

Las reservas son los beneficios o valores patrimoniales obtenidos por la sociedad que no han sido repartidos a los accionistas. Dichos beneficios se incorporan al patrimonio, creándose un fondo de previsión futuro adscrito a fines muy diversos.

La finalidad de la reserva es muy diversa: crear un fondo de previsión para hacer frente a las contingencias del negocio, asegurar la estabilidad de la empresa, lograr su autofinanciación o acrecentar la confianza de los accionistas.

Podemos distinguir los siguientes tipos de reservas:

a) Reserva legal común. Es la reserva impuesta por la ley para consolidar la situación económica de toda la sociedad anónima. En el artículo 214 de la Ley de sociedades anónimas se dispone que, en todo caso, una cifra igual al 10 % del beneficio del ejercicio se destinará a la reserva legal hasta que esta alcance, al menos, el 20 % del capital social.

b) Reserva legal especial. Es la reserva establecida fuera de la Ley de sociedades anónimas por disposiciones especiales, en atención a la naturaleza de la actividad que desarrolla la sociedad (por ejemplo, los bancos o las compañías de seguros).

c) Reservas estatutarias. Son las reservas que deben constar en el pasivo del balance según lo establecido en los estatutos.

d) Reservas libres. Son las reservas que no se reparten entre los accionistas. Sin mandato legal ni estatutario, la junta general acuerda constituir un fondo de previsión integrado con beneficios que la misma junta general acuerda no repartir entre los accionistas.

EL VALOR DE LA ACCIÓN

Como hemos dicho, el capital social está dividido en acciones que representan sus partes alícuotas. El socio que las suscribe aporta o se obliga a aportar a la sociedad dinero u otros bienes cuyo valor ha de ser, como mínimo, igual al valor nominal de las acciones que recibe.

El valor de la acción fluctúa en función de la situación económica de la sociedad y de varias circunstancias, como son: la rentabilidad de la compañía, el grado de competencia, la situación económica general, el saneamiento económico, etc. Por ello, la acción posee un valor nominal, un valor real o de balance y un valor de cotización.

El valor nominal debe constar en los estatutos y en los títulos que se entregarán a los accionistas en prueba de sus aportaciones.

El valor real, por el contrario, fluctúa a diario, aumenta o disminuye según la situación del patrimonio social. En Bolsa, también existe el valor real de cotización, que depende de la demanda y de la oferta, de la coyuntura económica particular y global e, incluso, de los factores políticos del propio país en el que opera la sociedad.

El único valor del que se ocupa la ley es el valor nominal de las acciones, que debe constar por escrito en la escritura de constitución. En ese momento debe producirse la equivalencia entre el valor nominal de la acción y el de la aportación realizada o prometida por el accionista suscriptor del título.

DERECHOS QUE CONFIERE LA ACCIÓN

La acción confiere a su titular legítimo la condición de socio y le atribuye los derechos reconocidos en esta ley y en los estatutos que, como mínimo, son los siguientes:

— derecho a participar en el reparto de ganancias sociales y en el patrimonio resultante de la liquidación;
— derecho a suscripción preferente en la emisión de nuevas acciones o de obligaciones convertibles en acciones;
— derecho a asistir y votar en las juntas generales e impugnar los acuerdos sociales;
— derecho de información de todo lo que concierne a la compañía.

CLASES DE ACCIONES

La Ley de sociedades anónimas establece que las acciones podrán ser al portador y nominativas. No serán al portador hasta que no se desembolse su importe nominal. Todas las acciones deberán estar numeradas correlativamente y extendidas en el Libro de Accionistas, en el que se anotarán sus sucesivas transferencias y la constitución de derechos reales sobre ellas.

Las acciones nominativas son aquellas en las que figura el nombre de su titular, de modo que sólo este puede transmitirlas y ejercitar los derechos que otorgan. Para la transmisión de las acciones nominativas será necesario que la identidad del poseedor de la acción coincida con los datos que figuren consignados en el título y que la transmisión se realice con la intervención de un fedatario público.

Las acciones al portador, en cambio, son un título anónimo porque no consta en ellas el nombre de su titular, por lo que su simple posesión confiere al tenedor de la misma la condición de accionista. Se transmiten mediante un título justo de transmisión. La legitimación para el ejercicio de los derechos del accionista se cumple con el simple depósito del certificado acreditativo del depósito de los títulos en una entidad autorizada.

EMISIÓN DE ACCIONES CON PRIMA

La emisión de acciones con prima tiene lugar cuando el suscriptor (previo acuerdo de la junta general) realiza una aportación patrimonial superior al valor nominal de las acciones que recibe, en forma de desembolso suplementario.

Las emisiones de acciones con prima no suelen practicarse en el momento constitutivo, sino en posteriores aumentos del capital social.

Las acciones con prima tienen como objetivo fortalecer el patrimonio social aprovechando el aumento del capital. También representan un desembolso suplementario que han de hacer quienes ingresan en calidad de accionistas en una sociedad anónima (con un patrimonio social superior a la cifra del capital social) para evitar el injustificado enriquecimiento que obtendrían los nuevos accionistas que aportasen el valor nominal de las acciones que suscriben o el empobrecimiento que, de no proceder así, sufrirían los accionistas antiguos.

La prima de emisión servirá para incrementar la reserva legal hasta que esta sea igual a la quinta parte del capital desembolsado. Una vez cubierto dicho límite, el importe de las primas podrá repartirse como beneficio o destinarse a fines sociales.

TRANSMISIÓN DE LAS ACCIONES

La transmisión de acciones en la sociedad anónima es libre, salvo que en los estatutos sociales se disponga otra cosa. No puede llevarse a cabo hasta que no se inscriba en el Registro mercantil la escritura de constitución social o de ampliación de capital de la que resulte la emisión de tales acciones.

La transmisión puede ser a título oneroso o a título gratuito, y por negocio *inter vivos* o por sucesión *mortis causa*. La transmisión entre vivos a título oneroso puede tener diversas causas: compraventa, permuta, préstamo de títulos, constitución de usufructo o prenda, aportación a una sociedad, aportación a una comunidad y transmisión fiduciaria.

Por otro lado, y excepcionalmente, la transmisibilidad puede estar sujeta a restricciones legales o voluntarias. Lo más usual es la existencia de un cláusula de adquisición preferente (derecho de tanteo y retracto) a favor de los accionistas y de la sociedad. Los estatutos fijarán la forma de determinar el valor de las acciones a efectos de ejercitar el derecho de adquisición preferente, pero en ningún caso se impedirá al accionista obtener el valor real de sus acciones.

La ley prohíbe expresamente las restricciones impuestas por cláusulas estatutarias que hagan intransmisible la acción. Asimismo, sólo serán válidas frente a la sociedad las restricciones a la libre transmisibilidad de las acciones cuando recaigan sobre acciones nominativas y estén expresamente impuestas por los estatutos.

¿QUÉ ES LA SINDICACIÓN DE ACCIONES?

Al hablar de sindicación de acciones nos referimos a dos supuestos:

— cuando unos cuantos accionistas reúnen todas sus acciones y pactan para que no salgan del grupo;
— cuando se desea vincular en un solo e idéntico sentido los votos de un conjunto de accionistas y mantener unido el dominio so-

bre la sociedad y, en especial, sobre sus órganos (consejo de administración y junta general).

En este segundo supuesto se suele hablar de «sindicatos de voto».

Los órganos de la sociedad: la junta general y el órgano de administración

LA JUNTA GENERAL

La junta general es el órgano soberano y de expresión de la voluntad social. Es la reunión que celebran todos los accionistas de la sociedad para deliberar y adoptar acuerdos relativos a la misma. En ella se decide la continuación, la modificación o la disolución de la sociedad. La junta nombra, controla y destituye a los administradores de la sociedad. Ello no significa que para su constitución deban concurrir todos los accionistas de la sociedad; por el contrario, quedará válidamente constituida cuando concurra en primera convocatoria el quórum que establece el artículo 102 de la Ley de sociedades anónimas.

La junta general ha de ser convocada por el órgano de administración (o, en su defecto, por el juez), con la única excepción de la junta general universal (prevista en el artículo 99 de la Ley de sociedades anónimas), la cual puede ser celebrada aun cuando no haya sido previamente convocada.

La junta deberá reunirse y celebrarse donde la sociedad tenga su domicilio, con la excepción de la junta general universal, la cual podrá celebrarse fuera del domicilio social.

En cuanto al tipo de juntas, destacamos: las ordinarias, las extraordinarias, las universales y las judiciales.

La junta general ordinaria debe celebrarse con una periodicidad fija. Deberá ser previamente convocada al efecto, y se reunirá durante los primeros seis meses de cada ejercicio para censurar la gestión social, aprobar las cuentas del ejercicio anterior y resolver la aplicación del resultado. Se convocará mediante un anuncio publicado en el *Boletín Oficial del Registro mercantil* y en uno de los diarios de mayor circulación de la provincia, por lo menos quince días antes de la fecha fijada para su celebración, salvo que sea universal.

La junta general extraordinaria se celebra para tratar los temas que no admiten esperar hasta la próxima junta general ordinaria.

La junta universal se constituye cuando, reunidos todos los socios, se acuerda celebrar una junta general y se acepta el orden del día por unanimidad.

La junta judicial es convocada por el juez, a petición de los socios, si los administradores no convocan la junta ordinaria en el plazo legal, o la extraordinaria si están obligados a ello.

ÓRGANO DE ADMINISTRACIÓN

El órgano de ejecución de los acuerdos adoptados por la junta general es el órgano de administración y representación de la sociedad, cuyas facultades podrán determinarse en los estatutos. Según

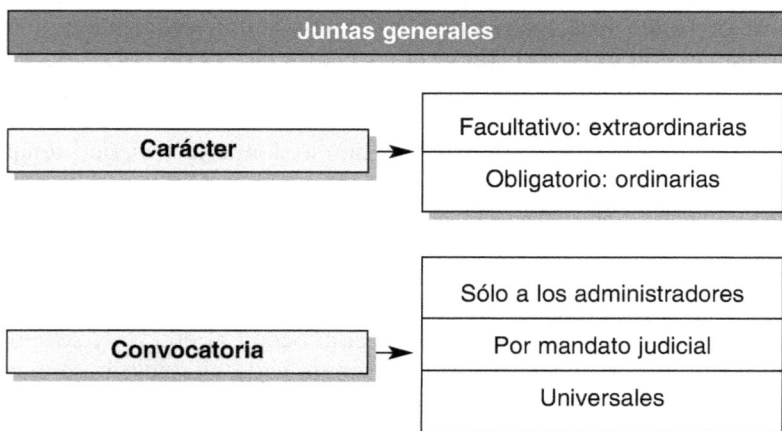

Juntas generales		
Carácter →	Facultativo: extraordinarias	
	Obligatorio: ordinarias	
Convocatoria →	Sólo a los administradores	
	Por mandato judicial	
	Universales	

la ley, el órgano de administración está sometido a la voluntad y al control de la junta general.

El nombramiento de los administradores y la determinación de su número, cuando los estatutos establezcan solamente el máximo y el mínimo, corresponde a la junta general.

El órgano de administración puede adoptar tres formas de organización concreta:

— *órgano unipersonal:* la gestión se confía a una sola persona;
— *varios administradores:* la gestión se confía a varios administradores que actuarán de forma solidaria o mancomunada;
— *consejo de administración:* órgano pluripersonal de funcionamiento colegiado.

Para ser nombrado administrador no se requiere la cualidad de accionista, a menos que los estatutos dispongan lo contrario. Los administradores ejercerán su cargo durante el plazo que señalen los estatutos sociales, el cual no podrá exceder los cinco años. Podrán ser reelegidos una o más veces por periodos de igual duración. Desempeñarán su cargo con la diligencia de un ordenado empresario y de un representante leal. Deberán guardar secreto sobre las informaciones de carácter confidencial, aun después de cesar en sus funciones.

Remuneración de los administradores

La retribución de los administradores deberá fijarse en los estatutos. Cuando dicha remuneración consista en una participación en las ganancias, sólo podrá ser detraída de los beneficios líquidos cuando estén cubiertas las atenciones de la reserva legal y estatutaria.

Los administradores responderán frente a la sociedad, frente a los accionistas y frente a los acreedores sociales del daño que causen por actos contrarios a la ley o a los estatutos o por los realizados sin la diligencia con la que deben desempeñar el cargo.

En las sociedades anónimas con un número importante de accionistas lo más habitual es que se nombre un consejo de administración.

Consejo de administración

Cuando la administración se confíe a más de dos personas, estas constituirán un consejo de administración. Es decir, aunque fuera otra la voluntad de los socios, la ley impone el principio mayoritario o de colegialidad: las decisiones se adoptarán mediante acuerdos mayoritarios.

El consejo de administración quedará constituido cuando concurran a la reunión, presentes o representados, la mitad más uno de sus componentes. La adopción de acuerdos se tomará cuando los consejeros concurrentes a la sesión convocada por el presidente obtengan la mayoría absoluta.

Si los estatutos de la sociedad no disponen lo contrario, el consejo de administración, debido a su capacidad de autoorganización, podrá designar a su presidente, regular su propio funcionamiento, aceptar la dimisión de los consejeros y designar una comisión ejecutiva o uno o más consejeros delegados, sin perjuicio de los apoderamientos que pueda conferir a cualquier persona.

Es importante resaltar que, mientras que el consejero-delegado y los miembros de la comisión ejecutiva han de ser consejeros, y ostentarán la condición de órgano delegado en tanto que conserven la cualidad de consejeros, puede conferirse apoderamiento a cualquier persona. Este es el caso del director general de la sociedad anónima y otros apoderados generales y singulares. Además, hay que tener en cuenta que el consejero delegado o la comisión ejecutiva es un órgano de la sociedad que ostenta su representación legal como si fuera el mismo consejo de administración, del que funcionan como una parte dotada de facultades autónomas.

Aprobación de los acuerdos sociales

Una vez constituida la junta, esta debe proceder a votar sobre los acuerdos enumerados en el orden del día. Sin embargo, antes de emitir el voto, los socios tienen derecho a informarse sobre los asuntos que figuren en el orden del día. Pueden solicitar, por escrito, esta información a los administradores antes de que se convoque la reunión de la junta.

El accionista tiene derecho al voto y lo ejercerá mediante un sufragio, a favor o en contra, del asunto que se ha discutido. Para ser válido, el voto no debe adolecer de vicios de la voluntad y, además, debe ser claro.

En cuanto a los asuntos ordinarios, estos se deciden por mayoría absoluta (la mitad más uno) de los votos emitidos.

Asimismo, los estatutos sociales pueden exigir mayorías cualificadas superiores a la absoluta (2/3, 2/4 y 2/5 partes) para aprobar los acuerdos.

Mayorías reforzadas

Para aprobar un acuerdo sobre emisiones de obligaciones, variación del capital social, modificación de los estatutos, fusión, escisión, transformación o disolución de la sociedad, si en segunda convocatoria se constituye la junta, asistiendo socios que ostenten menos del 50 % del capital con derecho a voto, debe votar a favor, como mínimo, un número de accionistas que represente dos tercios del capital social, presente o representado en la junta.

Libro de actas

Las decisiones y acuerdos tomados en el consejo y en la junta deben ser recogidos por escrito en un acta, que se transcribirá en un libro de actas, y será firmada por el presidente y el secretario del consejo de administración.

Sobre la base del libro de actas, las personas legitimadas para ello (el administrador o el secretario del consejo, con el visto bueno del presidente) librarán la certificación de los acuerdos aportados al notario encargado de elevar a públicas las decisiones tomadas por la junta e inscritas en el Registro mercantil.

Cuentas anuales

Las cuentas anuales pueden definirse como una obligación que incumbe a todo empresario, y que consiste en el suministro de información económica financiera transparente, suficiente y fiable. Están compuestas por: el balance, la cuenta de pérdidas y ganancias y la memoria.

Las cuentas anuales tienen por objeto hacer pública la información económica financiera de la sociedad a personas ajenas a la gestión, pero que puedan tener un interés, como son los accionistas, trabajadores, acreedores, proveedores, etc.

Son formuladas por el consejo de administración en un plazo máximo de tres meses, contados a partir del cierre del ejercicio social. Y deberán ser aprobadas por la junta general de socios dentro de los seis meses siguientes al cierre del ejercicio social.

Una vez aprobadas, las cuentas anuales se depositan, en el plazo de un mes, en el Registro mercantil del lugar del domicilio de la sociedad.

SOCIEDAD ANÓNIMA UNIPERSONAL

Se entiende por sociedad anónima unipersonal:

— la constituida por un socio único (persona natural o jurídica);
— la constituida por dos o más socios cuando todas las participaciones pasen a ser propiedad de un único socio.

La sociedad unipersonal tiene la obligación de dar publicidad de tal situación, por lo que deberá constar expresamente su condición de unipersonal en toda la documentación, correspondencia, notas de pedido y facturas, así como en todos los anuncios que haya de publicar por disposición legal o estatutaria.

En el diagrama de la página 77 pueden verse todos los pasos para fundar una sociedad anónima o una de responsabilidad limitada.

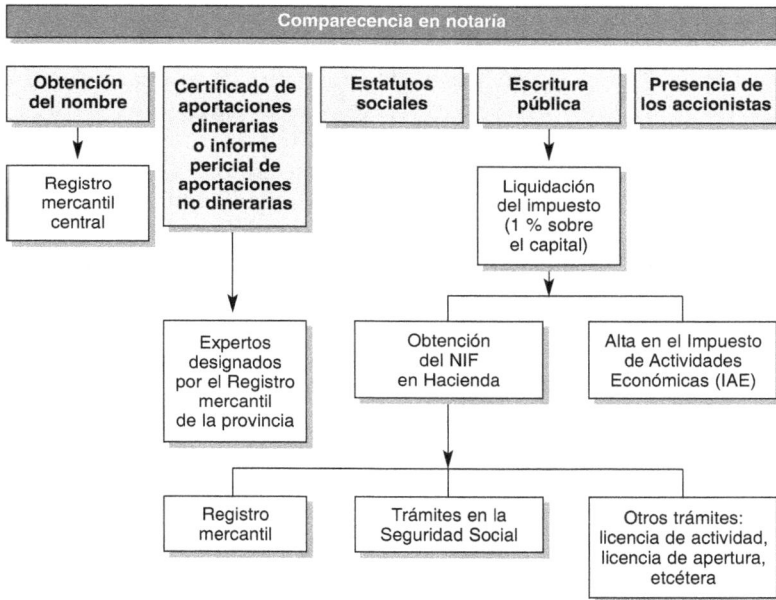

Comparecencia en notaría				
Obtención del nombre	**Certificado de aportaciones dinerarias o informe pericial de aportaciones no dinerarias**	**Estatutos sociales**	**Escritura pública**	**Presencia de los accionistas**

Obtención del nombre → Registro mercantil central

Certificado de aportaciones dinerarias o informe pericial de aportaciones no dinerarias → Expertos designados por el Registro mercantil de la provincia

Escritura pública → Liquidación del impuesto (1 % sobre el capital) → Obtención del NIF en Hacienda / Alta en el Impuesto de Actividades Económicas (IAE)

Obtención del NIF en Hacienda → Registro mercantil / Trámites en la Seguridad Social / Otros trámites: licencia de actividad, licencia de apertura, etcétera

La sociedad de responsabilidad limitada

La sociedad de responsabilidad limitada (SL) nace como una sociedad anónima de modestas proporciones, a la que se recurría cuando un escaso número de personas deseaba iniciar de común acuerdo la explotación de una actividad económica, aportando pequeñas cifras de capital, y sin que los socios tuvieran que responder personalmente de las obligaciones que la sociedad pudiera contraer.

Concepto

La sociedad de responsabilidad limitada es una sociedad de naturaleza mercantil cuyo capital se divide en participaciones sociales en función de las aportaciones realizadas por los socios.

Régimen aplicable

La Ley 2/1995, de 23 de marzo, de sociedades de responsabilidad limitada vino a llenar un vacío existente de la ley anterior del año 1953, y la ha adaptado adecuándose a la estructura de las pequeñas y medianas empresas que pretenden constituirse en sociedades limitadas.

El rigor del régimen jurídico de la sociedad anónima, con reducido espacio para la autonomía de la voluntad en la conformación de su funcionamiento interno, unido al coste de la estructura, son factores que pueden orientar la elección de la forma a favor de la sociedad de responsabilidad limitada.

La cifra mínima de capital social (10 millones de pesetas), en vez del capital mínimo de la sociedad limitada (500.000 ptas.), cumple una función disuasoria respecto de las iniciativas económicas más modestas.

Estas parecen ser las causas del gran incremento del número de sociedades de responsabilidad limitada que se constituyen, a lo que hay que añadir las muchas transformaciones de las sociedades anónimas en sociedades de responsabilidad limitada.

La sociedad limitada se configura como una sociedad en que los socios no responden personalmente de las deudas sociales y, a la vez, como una sociedad cuyo capital social se divide en participaciones sociales que ni pueden incorporarse a títulos-valores ni estar representadas por medio de anotaciones en cuenta.

Es una sociedad, como veremos más adelante, esencialmente cerrada, en la que las participaciones sociales tienen restringida la transmisión, excepto en caso de adquisición por socios, por el cónyuge, ascendiente o descendiente del socio o por sociedades pertenecientes al mismo grupo que la transmisora.

Capital

El capital integrado por las aportaciones de los socios debe ser determinado en la escritura de constitución; íntegramente suscrito y desembolsado desde el momento constitutivo.

El capital social está dividido en participaciones iguales, acumulables e indivisibles.

Las participaciones son iguales porque deben ser de idéntico valor y atribuir iguales derechos; son acumulables porque los socios pueden suscribir y detentar dos o más participaciones, incrementando así su participación (económica y política) en la sociedad; son indivisibles porque, si bien el valor económico de una participación puede pertenecer proindiviso a varias personas, la condición de socio es indivisible entre ellos, debiendo designar a uno solo para ejercitar los derechos sociales.

La ley establece, como veremos más adelante, que en los estatutos que rigen el funcionamiento de la sociedad se haga constar, entre otros datos, el capital social, expresando el número de participaciones en que estuviera dividido, así como el valor nominal de las mismas.

El capital social no puede ser inferior a 3.005,06 euros.

Socios

No existe ni un mínimo ni un máximo en cuanto al número de posibles socios. Poseen la condición de socios fundadores quienes intervienen en la escritura fundacional, suscribiendo y desembolsando, como mínimo, una participación.

Pueden ser socios las personas físicas y también las jurídicas, debiendo estas últimas estar representadas por una persona física.

Personalidad jurídica

Al igual que el resto de las sociedades que hemos visto hasta ahora, la sociedad de responsabilidad limitada requiere, para tener personalidad jurídica, que se constituya conforme a la ley y se inscriba en el Registro mercantil.

Tal y como ya hemos dicho, en la sociedad anónima sin inscripción no hay personalidad jurídica frente a terceros. Cualquier transacción

Diferencias básicas entre la sociedad anónima y la sociedad limitada		
Aspectos	**Sociedad anónima**	**Sociedad limitada**
Fundación	Fundación sucesiva o simultánea	Imposibilidad de fundación sucesiva
Régimen jurídico	Flexible	Carácter cerrado y rígido. Limitación a la transmisibilidad de participaciones sociales
Capital mínimo	60.101,21 euros. Desembolso mínimo del 25 % del valor nominal de las acciones	3.005,06 euros. Desembolso total del valor nominal de las participaciones
Identificación de los socios	Anonimato garantizado (acciones al portador)	Más control en la identificación de socios
Títulos	Acciones negociables	Participaciones no negociables. Prohibición de emitir obligaciones
Transmisión de títulos	Sin restricciones	Mayores formalidades
Financiación	Emisión de obligaciones	Prohibición de conceder créditos, garantías y asistencia financiera a socios y administradores
Junta	Se computa sólo el capital	Diferentes mayorías y cómputos
Administración	No permite alternativas en los estatutos	Permite alternativas en estatutos. Limita a 12 el número de consejeros
Separación y exclusión de socios	Menos supuestos de separación	Más supuesto de separación
Ofrecimiento público de participaciones	Cabe la posibilidad de aumentar el capital	Imposibilidad de aumentar capital

y operación mercantil que se realice quedará amparada al responder los socios personalmente. En consecuencia, la inscripción en el Registro mercantil atribuye un valor constitutivo.

Menciones de la escritura social

En la escritura de constitución de la sociedad se expresarán:

— los nombres, apellidos y edad de los socios fundadores, si estos fueran personas físicas, o la denominación o razón social, si son personas jurídicas y, en ambos casos, la nacionalidad y el domicilio. Los socios deberán asumir todas las participaciones sociales;
— la voluntad de los otorgantes de fundar una sociedad de responsabilidad limitada;
— las aportaciones que cada socio realice y la numeración de las participaciones asignadas en pago;
— los estatutos que han de regir el funcionamiento de la sociedad;
— la determinación del modo en que se organizará la administración, en caso de que los estatutos prevean diferentes alternativas;
— la identidad de la persona que se encargue de la administración y de la representación social;
— todos los pactos y condiciones que los socios juzguen conveniente establecer, siempre que no se opongan a las leyes ni principios inspiradores de la sociedad de responsabilidad limitada.

Estatutos sociales

Los estatutos sociales, que obligatoriamente se acompañarán a la escritura fundacional, son las normas que rigen el funcionamiento de la sociedad. En ellos se hará constar:

a) Denominación social. En la denominación de la compañía deberá figurar necesariamente la indicación «Sociedad de Responsabilidad Limitada» o las siglas SRL o SL. No se podrá adoptar una denominación idéntica a la de otra sociedad preexistente. Al igual que ocurre con la sociedad anónima, la sociedad de responsabilidad limitada no tiene razón social, sino que funciona bajo una denominación libremente elegida que puede ser de pura fantasía, adecuada a la naturaleza de la empresa social o consistente, incluso,

```
┌─────────────────┐  ┌─────────────────┐  ┌─────────────────┐
│     Nombre      │  │                 │  │                 │
│  de los socios  │  │     Pactos      │  │ Administradores │
└─────────────────┘  └─────────────────┘  └─────────────────┘

            ┌────────────────────────────┐
            │         Escritura          │
            │  de la sociedad limitada   │
            └────────────────────────────┘

┌─────────────────┐  ┌─────────────────┐  ┌─────────────────┐
│ Voluntad de fundar │ │ Estatutos sociales │ │   Aportaciones  │
└─────────────────┘  └─────────────────┘  └─────────────────┘
```

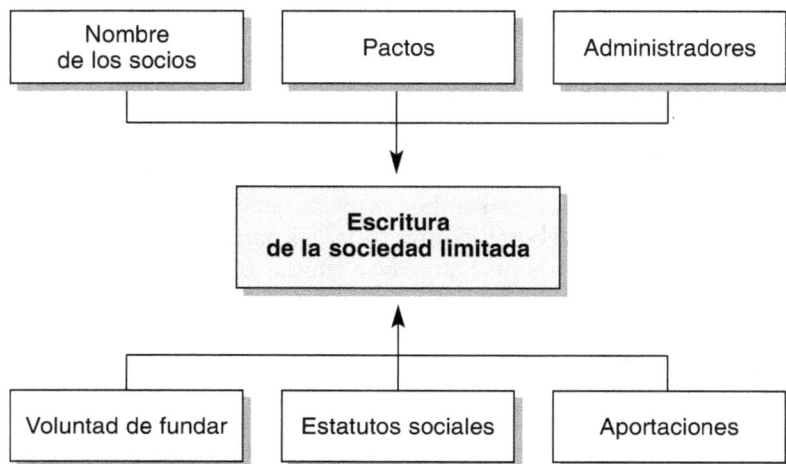

en su nombre o en la combinación de nombres personales. La denominación elegida no puede ser contraria a la ley, al orden público y a la costumbre, y no puede llevar a confusión o error. La certificación de la denominación social se solicita al Registro mercantil central, sección de denominaciones, encargado de examinar que no exista otro nombre y que cumpla con la legislación vigente. El cambio de denominación supone la modificación de los estatutos, su publicidad y su inscripción en el Registro mercantil.

b) Objeto social. El objeto social es la actividad que va a desarrollar la compañía. Debe ser un objeto posible y lícito, al igual que se establecía para las sociedades anónimas.

c) Fecha de cierre del ejercicio social. También debe indicarse la fecha de inicio de las operaciones, que suele coincidir con el otorgamiento de la escritura y su inscripción en el Registro mercantil.

d) Domicilio social. La sociedad debe fijar su domicilio en territorio español. Este se establecerá donde se halle la representación legal de la sociedad, donde radique alguna de sus explotaciones o la compañía ejerza las actividades propias de su objeto. En cualquier caso, el domicilio social habrá de ser único, aunque la sociedad tenga varias sucursales en distintos lugares. También debe señalarse el órgano competente para decidir o acordar la creación, la supresión o el traslado de las sucursales.

e) Capital social. Deben realizarse conjuntamente la suscripción y el desembolso. Al constituir la sociedad su capital debe quedar íntegramente suscrito y desembolsado por los socios fundadores. El capital social mínimo es de 3.005,06 euros.

f) Administración. Debe figurar el modo o modos de organizar la administración de la sociedad en los términos establecidos por la ley.

g) Duración. Salvo disposición contraria de los estatutos, la sociedad tendrá una duración indefinida y, en su caso, las operaciones darán comienzo en la fecha de otorgamiento de la escritura de constitución, que deberá presentarse a inscripción en el Registro mercantil del domicilio social en el plazo de dos meses desde la fecha de otorgamiento de la escritura.

Causas de nulidad

Una vez inscrita la sociedad, la nulidad sólo podrá ejercitarse:

— por incapacidad de todos los socios fundadores;
— por no haber concurrido en el acto constitutivo la voluntad efectiva de, al menos, dos socios fundadores, o del socio fundador cuando se trate de una sociedad unipersonal;
— por resultar el objeto social ilícito o contrario al orden público;
— por no haberse desembolsado íntegramente el capital social;
— por no expresarse en la escritura de constitución o en los estatutos sociales la denominación de la sociedad, las aportaciones de los socios, la cuantía del capital o el objeto social.

Aportaciones

Nunca podrán ser objeto de aportación el trabajo o los servicios prestados.

Toda aportación se considera realizada a título de propiedad, salvo que expresamente se estipule de otro modo.

Ante el notario autorizante de la escritura de constitución o de aumento del capital social, deberá acreditarse la realidad de las aportaciones dinerarias mediante certificación del depósito de las correspondientes cantidades a nombre de la sociedad en una entidad de crédito, que el notario incorporará a la escritura, o mediante su entrega para que aquel lo constituya a nombre de la sociedad.

Si lo que se aportase fuesen bienes no dinerarios, estos deberán describirse con sus datos registrales si existieran, fijar la valoración en pesetas que se les atribuya, así como la numeración de las participaciones asignadas en pago.

Los socios que realicen aportaciones no dinerarias responderán solidariamente frente a la sociedad y a los acreedores sociales de la realidad de dichas aportaciones y del valor que se les haya atribuido en la escritura. También responderán los administradores por la diferencia entre la valoración realizada y el valor real de las aportaciones no dinerarias.

Prestaciones accesorias

En los estatutos podrán establecerse, con carácter obligatorio para todos o algunos de los socios, prestaciones accesorias distintas de las aportaciones de capital, expresando su contenido concreto y determinado y si se han de realizar gratuitamente o mediante retribución.

En el caso de que las prestaciones accesorias sean retribuidas, los estatutos determinarán la compensación que hayan de recibir los socios que las realicen. La cuantía de la retribución no podrá exceder el valor correspondiente a la prestación.

Transmisión de las participaciones

Salvo disposición contraria de los estatutos, puede llevarse a cabo la transmisión voluntaria de participaciones por actos *inter vivos* entre socios. También pueden tener participaciones a favor de sociedades pertenecientes al mismo grupo que la transmitente el cónyuge, el ascendiente y el descendiente del socio. En los demás casos, la transmisión está sometida a las reglas y limitaciones que establezcan los estatutos y, en su defecto, a las dictaminadas por la ley.

A falta de regulación estatutaria, la transmisión voluntaria de participaciones sociales por actos *inter vivos* se regirá por las siguientes reglas:

a) El socio que se proponga transmitir su participación o participaciones deberá comunicarlo por escrito a los administradores, haciendo constar el número y características que pretende transmitir, la identidad del adquirente y el precio, y demás condiciones de la transmisión.

b) La transmisión quedará sometida al consentimiento de la sociedad, que se expresará mediante el acuerdo de la junta general, previa inclusión del asunto en el orden del día, adoptado por la mayoría ordinaria.

c) La sociedad únicamente podrá denegar el consentimiento si comunica al transmitente, por conducto notarial, la identidad de uno o varios socios o terceros que adquieran la totalidad de las participaciones. No será necesaria ninguna comunicación al transmitente si concurrió a la junta general donde se adoptaron dichos acuerdos. Los socios concurrentes a la junta general tendrán preferencia para la adquisición.

d) El precio de las participaciones, la forma de pago y demás condiciones de la operación, serán las convenidas y comunicadas a la sociedad por el socio transmitente.

No obstante lo establecido en el apartado anterior, los estatutos podrán impedir la transmisión voluntaria de las participaciones por actos *inter vivos*, o el ejercicio del derecho de separación, durante un periodo de tiempo que no sea superior a cinco años desde la constitución de la sociedad, o para las participaciones procedentes de una ampliación de capital, desde el otorgamiento de la escritura pública de su ejecución.

Transmisión *mortis causa*

La adquisición de alguna participación social por sucesión heredi-taria confiere al heredero o legatario la condición de socio.

No obstante lo dispuesto en el apartado anterior, los estatutos podrán establecer a favor de los socios supervivientes un derecho de adquisición de las participaciones del socio fallecido, apreciadas en el valor real que tuvieran el día del fallecimiento del socio, cuyo precio se pagará al contado.

La transmisión de las participaciones sociales deberá constar en documento público.

Los órganos sociales: la junta general y el órgano de administración

LA JUNTA GENERAL

Al igual que en la sociedad anónima, la junta general está integrada por los socios, quienes por mayoría (simple o reforzada) forman la voluntad social, adoptando los acuerdos que han de regir la vida de la sociedad. Es competencia de la junta general deliberar y acordar sobre los siguientes asuntos:

— la censura de la gestión social, la aprobación de las cuentas anuales y la aplicación del resultado;
— el nombramiento y separación de los administradores, liquidado-res y, en su caso, de los auditores de cuentas, así como el ejercicio de la acción social de responsabilidad contra cualquiera de ellos;
— la autorización a los administradores para el ejercicio y actividad que constituya el objeto social;
— la modificación de los estatutos sociales;
— el aumento y la reducción del capital social;
— la transformación, fusión y escisión de la sociedad;
— la disolución de la sociedad;
— cualesquiera otros asuntos que determinen la ley o los estatutos.

La junta general será convocada por los administradores o por los liquidadores de la sociedad. Al igual que vimos en la sociedad anónima, la junta general universal quedará constituida para tratar cualquier asunto, sin necesidad de previa convocatoria, siempre que esté presente o representada la totalidad del capital social y los concurrentes acepten por unanimidad la celebración de la reunión y el orden del día de la misma.

Los acuerdos sociales se adoptarán cuando se consiga la mayoría de los votos emitidos, siempre que representen al menos un tercio de los votos correspondientes a las participaciones sociales en que se divida el capital social. No se computarán los votos en blanco.

Sin embargo, el aumento o reducción del capital, y cualquier otra modificación de los estatutos sociales para la que no se exija mayoría cualificada, requerirán el voto favorable de más de la mitad de los votos correspondientes. Asimismo, la transformación, fusión o escisión de la sociedad, la supresión del derecho de preferencia en los aumentos de capital y la exclusión de socios, requerirán el voto favorable de al menos dos tercios de los votos correspondientes a las participaciones en que se divida el capital social.

Es importante destacar que para todos o algunos asuntos determinados, los estatutos podrán exigir un porcentaje de votos favorables que sea superior al establecido por la ley, sin llegar a la unanimidad. Salvo disposición en contra de los estatutos, cada participación social concede a su titular el derecho a emitir un voto.

EL ÓRGANO DE ADMINISTRACIÓN

Al igual que en la sociedad anónima, el órgano de administración es necesario y permanente, al que la ley confía todas las funciones inherentes a la gestión o administración y a la representación de la sociedad. Este puede ser unipersonal o pluripersonal. El consejo de administración, que actúa de forma colegiada, se constituye cuando lo integran varias personas y lo gestiona la colectividad.

Tal y como establece el artículo 57 de la Ley de sociedades de responsabilidad limitada, la administración de la sociedad se podrá confiar a un administrador único, a varios administradores que actúen de forma solidaria o conjunta o a un consejo de administración. En caso de optar por un consejo de administración, el número máximo de sus componentes en ningún caso podrá ser superior a doce ni inferior a tres.

Asimismo, los estatutos establecerán el régimen de organización y funcionamiento del consejo. Estos deberán comprender las reglas de convocatoria y constitución del órgano así como el modo de deliberar y adoptar acuerdos por mayoría.

Para ser nombrado administrador no se requerirá la condición de socio. Los administradores ejercerán su cargo por tiempo indefinido, salvo que los estatutos establezcan un plazo determinado, en cuyo caso podrán ser reelegidos una o más veces por periodos de igual duración.

El cargo de administrador es gratuito, a menos que los estatutos establezcan lo contrario; en dicho caso, deberán determinar el sistema de retribución.

Sociedad unipersonal de responsabilidad limitada

Se entiende por sociedad unipersonal de responsabilidad limitada:

— la constituida por un socio único (persona natural o jurídica);
— la constituida por dos o más socios cuando todas las participaciones pasan a ser propiedad de un único socio.

La sociedad unipersonal tiene la obligación de dar publicidad de tal situación, por lo que deberá constar su condición de unipersonalidad en toda la documentación, correspondencia, notas de pedido y facturas, así como en todos los anuncios que haya de publicar por disposición legal o estatutaria.

La sociedad cooperativa
y la sociedad laboral

La sociedad cooperativa

Los estudiosos han encontrado precedentes remotos del cooperativismo en épocas y zonas geográficas muy alejadas entre sí. Pero las sociedades cooperativas, tal y como las conocemos hoy, tuvieron su origen en el siglo XIX y constituyeron una alternativa al capitalismo. En la Constitución española de 1978, el artículo 129.2 ordena a los poderes públicos el fomento, mediante una legislación adecuada, de este tipo de sociedades. En una sociedad cooperativa se pretende que los socios se beneficien directamente de su propio esfuerzo de colaboración por medio de la ayuda mutua. Pero la finalidad última del cooperativismo es conseguir unas relaciones más justas y equitativas en el conjunto de la sociedad y promover el desarrollo humanístico y cultural. Las cooperativas son sociedades constituidas por personas que libremente se asocian para la realización de cualquier actividad económica de carácter lícito, encaminada a satisfacer sus necesidades y aspiraciones económicas y sociales, con estructura y funcionamiento democrático.

Regulación legal

La legislación y el control en materia de cooperativismo en España son competencias exclusivas que pueden ser asumidas por las distintas comunidades autónomas. Hasta la fecha lo han hecho, por ejemplo, Andalucía, Cataluña, la Comunidad Valenciana y el País Vasco.

Por su parte, y a nivel estatal, existe la Ley 27/1999, de 16 de julio, que es de aplicación a las sociedades cooperativas que desarrollen su actividad por igual en el territorio de varias comunidades autónomas, así como las que la realicen principalmente en las ciudades de Ceuta y Melilla.

A continuación comentaremos las principales características de las sociedades cooperativas según la referida ley estatal de 1999, por lo que hay que tener en cuenta las posibles diferencias y peculiaridades existentes en la legislación autonómica. No obstante, se tratará de diferencias puntuales, puesto que, en todo caso, la legislación existente en esta materia se basa siempre en los principios internacionales del cooperativismo.

Principios del cooperativismo

La Alianza Cooperativa Internacional (ACI) es la organización que engloba las federaciones y confederaciones de cooperativas de todo el mundo. Su función es coordinar las tendencias del cooperativismo a escala internacional, promover su difusión y mantener los principios básicos que le dieron origen.

En 1966, la ACI formuló, en un congreso celebrado en Viena, unos principios actualizados del cooperativismo. Son los siguientes:

1. *Principio de puertas abiertas.* Los socios tienen libertad tanto para adherirse como para darse de baja de una cooperativa. La admisión puede limitarse por condicionamientos técnicos, pero nunca por motivos políticos, sindicales, ideológicos, raciales, sexuales o sociales. Es decir, las cooperativas deben estar abiertas a cualquier persona.

2. *Principio de democracia interna.* Sin ningún tipo de excepción, en las cooperativas rige la norma de «un socio, un voto».

3. *Principio de estricta limitación a los intereses del capital.* Debe tenerse en cuenta que una cooperativa no es una sociedad capitalista.

Así, si se acuerda establecer unos intereses a las aportaciones de capital, estos serán necesariamente limitados.

4. *Principio de retorno cooperativo.* Adquiere este calificativo la obligación de que los excedentes netos obtenidos por la sociedad (en la cooperativa no cabe hablar de beneficios o ganancias) deben distribuirse entre los socios en proporción a su actividad en las operaciones sociales.

5. *Principio de educación cooperativa.* Se basa en la obligación de promover entre los socios la información sobre los aspectos económicos y sociales del cooperativismo y sus posibilidades de aplicación.

6. *Principio de colaboración.* Debe promoverse la colaboración entre las cooperativas dedicadas a actividades del mismo ramo y la creación de federaciones y confederaciones.

Constitución y personalidad jurídica

La cooperativa quedará constituida y tendrá personalidad jurídica desde el momento en que se inscriba la escritura pública en el Registro general de cooperativas. Sin embargo, el proceso de constitución de la cooperativa comienza con la presentación de la documentación necesaria en la Delegación de Trabajo correspondiente al lugar del domicilio de la proyectada cooperativa.

Clases de cooperativas

Por una parte, existen las cooperativas de primer grado, formadas por personas físicas y, por otra, las de segundo grado, que son las constituidas por dos o más cooperativas. Asimismo existen los grupos cooperativos, que representan el conjunto formado por varias cooperativas que ejercita facultades o emite instrucciones de obligado cumplimiento para las cooperativas agrupadas. Otras formas de colaboración económica son las agrupaciones, los consorcios y las uniones que las cooperativas pueden formar entre sí.

Las sociedades cooperativas de primer grado podrán clasificarse de la siguiente forma, dependiendo de su actividad: de trabajo asociado, de consumidores y usuarios, de viviendas, agrarias, de explotación comunitaria de la tierra, de servicios, del mar, de transportistas, de seguros, sanitarias, de enseñanza y de crédito.

Las cooperativas de trabajo asociado son las que tienen por objeto proporcionar puestos de trabajo a sus socios mediante su esfuerzo personal y directo, a tiempo parcial o completo, a través de la organización en común de la producción de bienes y servicios para terceros.

Por su parte, las cooperativas de consumidores y usuarios son las que suministran bienes y servicios adquiridos a terceros o producidos por ellas mismas, para uso o consumo de los socios y de quienes con ellos conviven, así como la educación, la formación y la defensa de los derechos de sus socios en particular y de los consumidores y usuarios en general.

Para terminar con estos ejemplos, diremos que las cooperativas de viviendas son las que asocian a personas físicas que precisen alojamiento y locales para ellas mismas y las personas que convivan con ellas. Asimismo, también podrán ser socios los entes públicos y las entidades sin ánimo de lucro que precisen alojamiento para aquellas personas dependientes de ellos que tengan que residir, por razón de su trabajo o función, en el entorno de una promoción cooperativa o que necesiten locales para desarrollar sus actividades.

Desde un punto de vista tributario, se pueden distinguir tres clases de cooperativas según la intensidad de la protección fiscal:

— cooperativas protegidas (son las que se ajustan a las disposiciones de la Ley general de cooperativas 3/1987, de 2 de abril, o a las leyes de cooperativas de las comunidades autónomas que tengan competencia legislativa en esta materia);
— cooperativas especialmente protegidas (son las cooperativas de trabajo asociado, agrarias, de explotación comunitaria de la tierra, del mar y de consumidores y usuarios);
— cooperativas que no gozan de una especial protección.

Sociedades cooperativas

De primer grado (personas físicas) →	De trabajo asociado
	De consumidores y usuarios
	De viviendas
	Agrarias
	De explotación de la tierra
	De servicios
	Marítimas
	De transportes
	De seguros y sanitarias
	De enseñanza
	De crédito

Órganos de la sociedad cooperativa

Los órganos de la sociedad cooperativa son la asamblea general, el consejo rector y la intervención.

Igualmente, la cooperativa podrá prever en sus estatutos la existencia de un comité de recursos y de otras instancias de carácter consultivo o asesor.

La asamblea general se configura como el órgano supremo de la cooperativa, de forma similar a lo que sucede con la junta general en la sociedad anónima. La reunión de los socios se constituye con el objeto de deliberar y adoptar acuerdos sobre aquellos asuntos que, legal o estatutariamente, sean de su competencia y cuyas decisiones deberán aceptar todos los socios de la cooperativa.

Existen asuntos exclusivamente reservados a la asamblea, a pesar de que los estatutos, a diferencia de lo que sucede en la sociedad anónima, pueden ampliar esta competencia exclusiva, lo que conllevará que todos los temas serán tratados en la asamblea.

Las asambleas generales pueden ser ordinarias o extraordinarias. Las ordinarias tienen por objeto principal examinar la gestión social y aprobar, si procede, las cuentas anuales. Podrá incluir en su orden del día cualquier otro asunto propio de la competencia de la asamblea. Las demás asambleas generales tendrán el carácter de extraordinarias.

El consejo rector es el órgano colegiado de gobierno al que corresponde, al menos, la alta gestión, la supervisión de los directivos y la representación de la sociedad cooperativa, con sujeción a la ley, a los estatutos y a la política general fijada por la asamblea general. No obstante, en aquellas cooperativas con menos de diez socios, los estatutos podrán establecer la existencia de un administrador único, persona física que ostenta la condición de socio, y que asumirá las competencias y funciones previstas en la Ley para el consejo rector, su presidente y también para el secretario.

Corresponden al consejo rector cuantas facultades no estén reservadas por ley o por los estatutos a otros órganos sociales. Las facultades representativas del consejo rector se extenderán a todos los actos relacionados con las actividades que integren el objeto social de la cooperativa, sin que su poder de representación resulte limitado por los estatutos ni acuerdos sociales. El presidente del consejo rector y, en su caso, el vicepresidente, que lo será también de la cooperativa, ostentarán la representación legal de la misma.

Los estatutos establecerán la composición del consejo rector, con un mínimo de tres miembros (presidente, vicepresidente y secretario) y un máximo de quince. No obstante, cuando la cooperativa tenga tres socios, el consejo rector estará formado por dos miembros, sin que exista el cargo de vicepresidente.

La intervención es el órgano de fiscalización de la cooperativa y tiene como funciones, además de las que la ley le encomienda, aquellas que los estatutos le asignen. La intervención puede consultar y comprobar toda la documentación de la cooperativa y proceder a las verificaciones que estime necesarias.

Una de las funciones que la ley reserva a los interventores es la comprobación y el análisis de las cuentas anuales y del informe de gestión que debe aprobar la asamblea general. La única excepción la constituyen aquellas cooperativas que están sujetas a auditoría de cuentas obligatoria.

El asociacionismo cooperativo

Las sociedades cooperativas podrán asociarse libre y voluntariamente en uniones, federaciones y confederaciones para la defensa y promoción de sus intereses, sin perjuicio de poder acogerse a otra fórmula asociativa, conforme al derecho de asociación reconocido en la Constitución española.

Las uniones de cooperativas estarán constituidas por, al menos, tres cooperativas de la misma clase y podrán integrarse en otra ya existente o constituir una nueva unión de cooperativas.

Las federaciones podrán estar integradas por sociedades cooperativas, por uniones de cooperativas o por ambas. Para la constitución y funcionamiento de una federación de cooperativas será preciso que, directamente o a través de uniones que la integren, asocien, al menos, diez cooperativas que no sean todas de la misma clase.

Las uniones de cooperativas y las federaciones de cooperativas podrán asociarse en confederaciones de cooperativas. Para la constitución y funcionamiento de una confederación de cooperativas se precisarán, al menos, tres federaciones de cooperativas que agrupen a cooperativas de, como mínimo, tres comunidades autónomas, aunque la sede de tales federaciones no radique en otras tantas comunidades.

El capital de la cooperativa

El capital social de la cooperativa es variable. Sin embargo, se obliga a que en los estatutos sociales se fije un capital mínimo, a partir del cual se articula un régimen de garantías a favor de los acreedores, semejante, en cierta manera, al establecido en el artículo 98 de la Ley de sociedades anónimas.

El capital social estará constituido por las aportaciones efectuadas en tal concepto por los socios o, en su caso, por los asociados, ya sean obligatorias o voluntarias. Se acreditará en títulos nominativos y cada socio deberá poseer al menos uno, cuyo valor nominal mínimo será fijado igualmente por los estatutos. No podrá constituirse cooperativa alguna que no tenga su capital suscrito y desembolsado en un 25 %. Los socios pueden realizar aportaciones a la cooperativa, que se incorporarán o no al capital social. Las aportaciones de los socios al capital social pueden ser de dos tipos: obligatorias o voluntarias. Con el fin de evitar que algún socio condicione las decisiones de la cooperativa, las participaciones máximas de cada uno de ellos en el capital social será de un tercio de este.

Las aportaciones, al igual que en la sociedad anónima, podrán realizarse en efectivo o mediante la aportación de bienes o derechos. Se determinarán en los estatutos al constituirse la sociedad, si bien la asamblea general podrá imponer nuevas aportaciones obligatorias, en cuyo caso el socio disconforme podrá darse de baja. La admisión de aportaciones voluntarias al capital social será acordada por la asamblea general y deberán desembolsarse en el momento de su suscripción. Las aportaciones de los socios que no se incorporen al capital social podrán ser:

— aportaciones voluntarias que, debiendo ser admitidas por acuerdo de la asamblea, deben considerarse verdaderos préstamos a la cooperativa;
— cuotas de ingreso o periódicas, fijadas por los estatutos o por la propia asamblea general;
— entregas de pagos para la obtención de servicios sociales.

Disolución de la cooperativa

La cooperativa se disuelve por causas similares a la disolución de la sociedad anónima, si bien con algunas peculiaridades:

— la imposibilidad de realizar el objeto para el que fue fundada;
— la paralización de los órganos sociales o de la actividad coope-
   rativizada, que constituye causa de disolución si dura dos años;
— la reducción del número de socios por debajo del legal de cinco,
   sin que se restablezca el plazo de seis meses;
— el supuesto de pérdida patrimonial, que puede deberse a la baja
   de socios y asociados o a deducciones en las aportaciones al capital social por imputación de pérdidas;
— la quiebra de la sociedad cooperativa;
— el transcurso del plazo de duración fijado.

Cualquier otra causa de disolución requiere el acuerdo de la
asamblea general.

La disolución abre el periodo de liquidación, salvo en los casos
de fusión y escisión. En la adjudicación del haber social, se cubrirá
primero el fondo de educación y promoción; a continuación se pa-
garán las deudas; después a los socios, se les devolverá el importe
de sus aportaciones al capital social, en su caso, actualizadas; por
último, el activo sobrante y el remanente se pondrán a disposición
del Instituto de Fomento de la Economía Social (INFES) para el
fomento del cooperativismo.

La sociedad laboral

Se trata de un tipo de sociedades mercantiles, que tanto pueden
ser «anónimas» como «de responsabilidad limitada», que se regulan mediante la Ley 4/97, de 24 de marzo, y el Real decreto
2.114/98, de 2 de octubre, que desarrolla algunos aspectos de la
misma.

Las sociedades anónimas o de responsabilidad limitada en las
que la mayoría del capital social es propiedad de trabajadores que
prestan en ellas servicios retribuidos de forma personal y directa,
cuya relación laboral lo sea por tiempo indefinido, podrán obtener
la calificación de sociedad laboral cuando concurran determinados
requisitos que la ley determina.

Establece la ley que el número de horas anuales de trabajo de los empleados contratados por tiempo indefinido que no sean socios no podrá ser superior al 15 % del total de horas anuales que correspondan a los socios trabajadores. Si la sociedad tuviera menos de 25 socios trabajadores, el porcentaje referido no podrá ser superior al 25 % del total de horas anuales de los socios trabajadores, sin que para el cálculo de estos porcentajes se tengan en cuenta los trabajadores con contrato de duración determinada.

Debe señalarse que todos los socios trabajadores de las sociedades laborales estarán afiliados al Régimen General o a alguno de los Regímenes Especiales de la Seguridad Social, incluidos los miembros de los órganos de administración, tengan o no competencias directivas. La calificación de una sociedad como sociedad laboral corresponderá al Ministerio de Trabajo y de Asuntos Sociales o a la consejería correspondiente, en el supuesto de que se trate de una competencia traspasada a la comunidad autónoma.

Formalidades de constitución

Respecto a la denominación, debe tenerse en cuenta que en la misma siempre deberá constar la indicación de sociedad anónima laboral, sociedad de responsabilidad limitada laboral o sus abreviaturas respectivas: SAL o SLL. En toda la documentación de la sociedad (facturas, correspondencia, anuncios oficiales, etc.) deberá constar la denominación *laboral*.

A efectos administrativos se crea, en el Ministerio de Trabajo y de Asuntos Sociales, un Registro de Sociedades Laborales. Además, deberán inscribirse (como sociedades mercantiles que son) en el Registro mercantil competente por razón de su domicilio.

Capital social

El capital social se dividirá en acciones nominativas (en la SAL) o en participaciones sociales (en la SRLL). No podrán crearse

Escritura fundacional	
Registro ministerial	**Registro mercantil**
↓	↓
Efectos administrativos	Personalidad jurídica

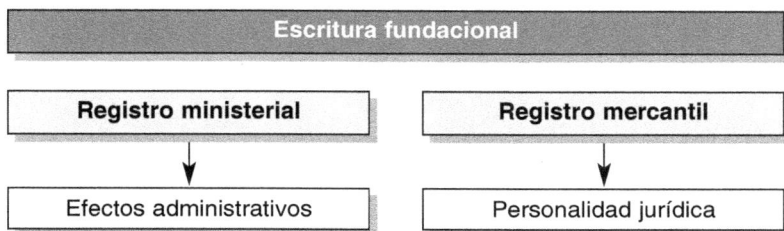

acciones de clase laboral privadas del derecho de voto. Es importante tener en cuenta, además, que ninguno de los socios puede poseer acciones o participaciones sociales que representen más de la tercera parte del capital social, salvo si se trata de sociedades participadas por la administración pública (el Estado, las comunidades autónomas, etc.). Deberán existir siempre dos clases de acciones o de participaciones: las que sean propiedad de los trabajadores, cuya relación laboral lo sea por tiempo indefinido (clase laboral), y las restantes (clase general).

La ley previene, además, un derecho de adquisición preferente de acciones o participaciones para el supuesto que se pretendan transmitir estas, derecho que se reconoce a los trabajadores no socios con contrato indefinido, a los trabajadores socios, a los titulares de acciones o participaciones de la clase general, al resto de trabajadores sin contrato de trabajo indefinido e, incluso, a la propia sociedad.

En toda ampliación de capital con emisión de nuevas acciones o con creación de nuevas participaciones sociales, deberá respetarse la proporción existente entre las pertenecientes a las distintas clases con que cuenta la sociedad.

Peculiaridades del órgano de administración

Si la sociedad estuviera administrada por un consejo de administración, el nombramiento de los miembros del mismo se efectuará por el sistema proporcional que se establece en la Ley de sociedades anónimas.

Aspectos fiscales

Un último aspecto destacable es el de las ventajas fiscales de que gozan, en el Impuesto sobre Transmisiones Patrimoniales y Actos Jurídicos Documentados, las sociedades laborales calificadas como tales y que cumplen con el requisito de destinar al Fondo Especial de Reserva, en el ejercicio en que se produzca, el 25 % de los beneficios líquidos.

Formas de colaboración entre sociedades

En este capítulo vamos a analizar las distintas denominaciones que pueden adoptar las formas de colaboración que establecen los empresarios entre sí. En concreto, nos referiremos a la agrupación de interés económico, a su variante de carácter europeo (la Agrupación Europea de Interés Económico) y a la Unión Temporal de Empresas, haciendo un especial énfasis en sus diferencias.

No debemos confundir estas figuras con los «grupos de sociedades», que tienen un interés social propio y único, pero que carecen de personalidad jurídica. Se caracterizan porque están obligadas a presentar las cuentas anuales de forma conjunta (cuentas anuales consolidadas).

La agrupación de interés económico

Las agrupaciones de interés económico que se regulan mediante una ley del año 1991 son asociaciones de empresarios, agricultores o artesanos (ya sean particulares o sociedades), profesionales liberales (arquitectos, abogados, etc.) o entidades lucrativas dedicadas a la investigación que se unen con el objetivo de facilitar el desarrollo o mejorar la actividad de sus socios.

Estas agrupaciones han sustituido lo que anteriormente se conocía como «agrupación de empresas». Se consideran muy beneficiosas para todos aquellos supuestos en que se considere interesante agrupar actuaciones empresariales que tengan por objeto la promoción de diversas actividades económicas.

Pese a que las agrupaciones de interés económico tienen personalidad jurídica propia, su actividad es auxiliar a la de sus miembros, con la debida separación en relación con estos. Es decir, los miembros de una agrupación de interés económico superponen una parte de sus actividades económicas desarrollando funciones nuevas y complementarias. La participación en una agrupación de estas características no supone la desaparición de sus miembros (no estamos ante una fusión o una liquidación), sino que se trata de una puesta en común de funciones determinadas y concretas. Es un instrumento de mera cooperación, no de integración.

Características

Las características principales de las agrupaciones de interés económico son las siguientes:

a) Está constituida por una persona jurídica de derecho privado y carácter mercantil que tiene como fin facilitar el desarrollo o la mejora de la actividad económica de sus socios.

b) Puede obtener beneficios pero no para sí misma, sino para sus socios; por eso se dice que la agrupación de interés económico carece de ánimo de lucro para sí misma.

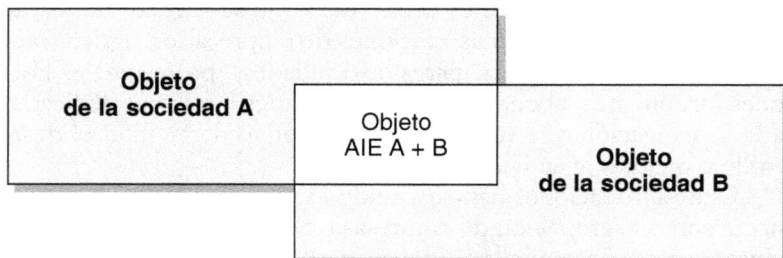

Objeto de la sociedad A

Objeto
AIE A + B

Objeto de la sociedad B

c) La actividad que realice deber ser auxiliar a la de sus socios y siempre debe tener carácter económico o mercantil.

d) Los socios que pueden ser personas físicas o jurídicas, españolas o extranjeras, que desarrollen actividades empresariales, agrícolas o artesanales responderán de forma personal, solidaria y subsidiariamente de las deudas de la agrupación de interés económico.

e) Su finalidad es permitir a las empresas unir sus esfuerzos allí donde tienen intereses comunes, conservando su total independencia, que se traduce en que la agrupación de interés económico no puede ostentar participaciones en sociedades miembros ni controlar directa o indirectamente las actividades de sus socios.

Constitución

La constitución de la agrupación de interés económico debe efectuarse ante notario mediante una escritura pública que se depositará en el Registro mercantil. El contenido de la escritura es muy reducido, puesto que basta con que se haga constar la identidad de los socios, la denominación de la agrupación, su duración, su domicilio, sus administradores y su capital si lo tuviere. Con carácter potestativo, se pueden incluir otras menciones como, por ejemplo, la forma de adoptar los acuerdos o determinadas causas de disolución de la agrupación.

En la escritura de constitución se harán constar las siguientes menciones:

a) La identidad de los empresarios o profesionales liberales que la constituyan.

b) La voluntad de fundar una agrupación de interés económico.

c) La denominación de la agrupación, que deberá ir precedida o seguida de la expresión *Agrupación de Interés Económico* o de sus siglas.

d) El objeto que, como actividad económica auxiliar de la que desarrollen los socios, va a realizar la agrupación. No puede coincidir en su totalidad (aunque sí parcialmente) con la de ninguno de sus miembros.

e) La cifra del capital social, si la tuviere, con expresión numérica de la participación que corresponde a cada miembro. No se exige, a diferencia de las sociedades, que los miembros efectúen aportación alguna de fondos.

f) La duración de la fecha de comienzo de sus operaciones.

g) El domicilio social.

h) Los requisitos de convocatoria, formas de deliberar y mayorías necesarias para que la asamblea pueda adoptar acuerdos en caso de que se establezcan.

i) La estructura del órgano de administración.

j) Las reglas para determinar la participación de los miembros en los resultados económicos y el número de votos atribuido a cada uno de ellos.

k) Las causas de disolución pactadas.

l) Los demás pactos lícitos que se hubieran estipulado.

La inscripción de la agrupación en el Registro mercantil es obligatoria, debiendo solicitarse dentro del mes siguiente al del otorgamiento de la escritura.

Participación

La participación de cada socio en la agrupación es una sola y única, pero ello no impide que los propios estatutos establezcan un sistema de participaciones numeradas que facilite la administración interna.

La participación no tiene por qué coincidir con el número de votos otorgados a un socio porque las participaciones constituyen la base para el cálculo de la responsabilidad del socio frente a los demás y frente a la propia agrupación, pero no frente a terceros, ante los que el socio siempre será responsable subsidiario.

La transmisión de la participación social a un tercero debe constar en el Registro mercantil. Se puede prohibir la transmisión de participaciones en beneficio de un socio, si este, después de la transmisión, superara un porcentaje determinado que le otorgase el control de la sociedad.

Órganos de estas agrupaciones

La administración y representación de las agrupaciones es un proceso ágil, puesto que pueden ostentar tal cargo no sólo personas físicas (particulares) sino también jurídicas (sociedades, las cuales deberán actuar, como es evidente, mediante la persona física que designen). Si se acuerda que existan varios administradores, es posible que estos actúen de manera indistinta (o solidaria), excepto que en la misma escritura de constitución se prevea con carácter expreso que su actuación deba ser conjunta (o mancomunada, que es la expresión técnica jurídica).

Es importante mencionar que estas agrupaciones gozan de un régimen fiscal cuyas ventajas han motivado que, en los últimos años, sea una figura en franco crecimiento. La tributación tiene como peculiaridad estar sometida al régimen de transparencia fiscal y, en consecuencia, no tributa por los beneficios que resulten a favor de cada socio, ya que dichas cantidades engrosarán, a efectos del Impuesto de Sociedades, la base imponible correspondiente a cada uno de los socios residentes en el territorio español.

La agrupación europea de interés económico

Estas agrupaciones son un novedoso instrumento jurídico cuyo objeto es facilitar la cooperación transnacional entre las empresas europeas. En pocas palabras, podemos decir que viene a ser como una agrupación de interés económico pero a escala europea («transnacional»), puesto que sus socios son de nacionalidades distintas.

Su origen hay que buscarlo en ciertas normas dictadas por el Consejo de Ministros de la Comunidad Europea, aunque desde el año 1991 existe una ley española que las regula.

Para constituir una agrupación de estas características es necesario que se suscriba un contrato escrito en el que conste, sin ningún género de dudas, la voluntad de sus miembros y que el mismo sea objeto de inscripción en un registro específico.

Como órganos obligatorios sólo están previstos la asamblea (órgano decisorio) y los administradores (órgano de gestión), pese a que, con carácter potestativo, pueden existir otros.

En cuanto al régimen fiscal, debe tenerse en cuenta que a cada miembro le serán de aplicación las normas propias de su país, puesto que estas agrupaciones no son, por sí mismas, sujetos pasivos.

La unión temporal de empresas

Las uniones temporales de empresas son sistemas de colaboración entre empresarios sin personalidad jurídica propia que se establecen por un tiempo no superior en principio a diez años. Su objeto es desarrollar o ejecutar una obra, un servicio o un suministro, así como todo lo que sea complementario o accesorio. Puede crearse una unión de este tipo para llevar a cabo la ejecución de una obra de tal envergadura que una sola empresa es incapaz de acometerla. A este fin, dos empresas constructoras se agrupan, sin que ello signifique que se fusionen (de aquí que se diga que los miembros de la unión temporal conservan su personalidad jurídica).

La unión temporal de empresas es fruto de una asociación voluntaria de dos o más empresas interesadas o bien es el resultado de la exigencia de un pliego de condiciones elaborado por la administración que convoca una licitación para adjudicar una obra o proyecto.

Las empresas miembros pueden ser físicas o jurídicas y residir en España o en el extranjero. Los rendimientos empresariales de las personas naturales que formen parte de una unión se determinan en régimen de estimación directa a efectos de su gravamen en el Impuesto sobre la Renta de las Personas Físicas.

La administración puede contratar uniones temporales de empresarios, sin que las mismas deban constituirse en escritura pública hasta que la adjudicación se haya efectuado a su favor.

Formalidades de constitución

Para constituir una unión temporal de empresas debe otorgarse una escritura ante notario en la que conste claramente cuál será su objeto, la fecha de inicio de las operaciones y su duración, el domicilio, la forma de financiar o sufragar las actividades comunes, el método de determinar la participación de los miembros en la distribución de los resultados o en los ingresos y gastos, etc.

Como es evidente, también deberá constar su denominación, como, por ejemplo: ATRAM, SA-DIVAD, SA, Unión Temporal de Empresas, Ley de 26 de mayo de 1982, n.º 18/82; aunque es habitual que se utilice un anagrama (UTE ATRAM-DIVAD).

Las uniones temporales de empresas no se inscriben en el Registro mercantil, pero sí en un registro administrativo que existe en el Ministerio de Economía y Hacienda, aunque de forma voluntaria, y pueden acogerse a un régimen específico.

La escritura de constitución deberá expresar los siguientes datos:

a) Nombre y razón social de los otorgantes, nacionalidad y domicilio.

b) Voluntad de los otorgantes de constituir la unión y los estatutos o pactos que han de regir el funcionamiento de la misma.

c) La denominación, que será la de sus miembros, seguida de la expresión *Unión Temporal de Empresas*.

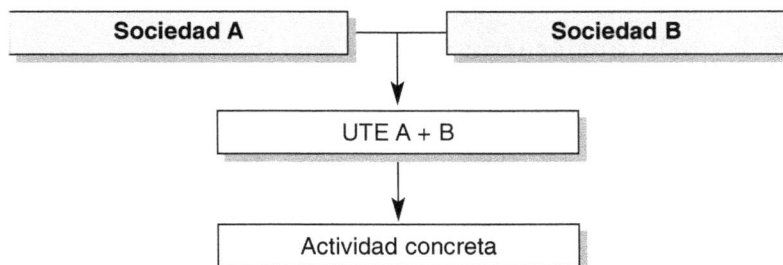

d) El domicilio fiscal, situado en territorio nacional, y que será el propio de la persona física o jurídica que lleve la gerencia común.

e) Las aportaciones, si existiesen, al fondo operativo común que cada empresa comprometa.

f) El nombre del gerente y su domicilio.

g) La proporción o método para determinar la participación de las distintas empresas miembros en la distribución de los resultados o, en su caso, en los ingresos o gastos de la unión.

h) La responsabilidad frente a terceros por los actos y operaciones en beneficio del objetivo común, que será en todo caso solidaria e ilimitada para cada uno de los miembros.

Diferencias entre las uniones temporales de empresas y las agrupaciones de interés económico

La diferencia entre las uniones temporales de empresas y las agrupaciones de interés económico radica en que, mientras esta última persigue una colaboración prolongada en el tiempo entre las empresas que la constituyen, la unión temporal tiene una duración limitada que coincide con la de la obra, servicio o suministro que constituye su objeto.

Asimismo, la actividad de la agrupación de interés económico debe ser auxiliar de la que ejercen sus socios, sin que en ningún caso puedan sustituirla. Por el contrario, en la unión temporal su actividad puede sustituir a la desarrollada por sus miembros.

Órganos de la unión temporal de empresas

La estructura de la unión temporal está compuesta por los siguientes órganos:

— junta de empresarios;
— gerente;
— otros órganos.

JUNTA DE EMPRESARIOS

Está formada por un representante de cada una de las empresas asociadas. Es el órgano superior de la unión. Los representantes suelen estar apoderados por las empresas para poder vincularlas por sus actos en las materias de competencia de la junta (que han sido determinadas en los estatutos fundacionales). Estas competencias fijan las líneas generales de actuación de la unión, modifican los estatutos si es conveniente, aprueban la gestión, el balance y la cuenta de resultados, así como los criterios de distribución de estos últimos.

GERENTE Y OTROS ÓRGANOS

Las uniones temporales de empresas deben nombrar a un gerente con domicilio fiscal en España.

Este será quien actúe en su nombre. En sus relaciones con terceros, el gerente estará atribuido de las más amplias facultades de representación, para actuar en nombre de las empresas asociadas, a cuyo fin, estas, por el hecho del otorgamiento de la escritura pública de constitución de la unión, le confieren poderes suficientes para ejercitar los derechos y asumir las obligaciones necesarias para la consecución de los fines que constituyen el objeto de aquella en todos los actos y contratos que suscriba en representación de la misma. Evidentemente, si hace un mal uso de las facultades frente a terceros, responderá frente a la unión.

Además, en el orden interno, puede preverse la existencia de un «comité de gerencia», compuesto a partes iguales por las empresas miembro.

Se trata, en su caso, de un órgano encargado de diseñar la política de dirección del proyecto. En el comité de gerencia también han de estar representadas todas y cada una de las empresas que integran la unión.

En los estatutos de la unión temporal si, repetimos, está prevista su existencia debe especificarse cuál es su cometido (por ejemplo, examinar la marcha económica del proyecto, fijar las directrices para el desarrollo del mismo, estudiar y, en su caso, aprobar los planes y previsiones de futuro), su funcionamiento (perio-dicidad de sus reuniones, convocatoria, forma de adoptar los acuerdos, etc.) y la eventual existencia de cargos en su seno (un presidente y un secretario, etc.).

El comité se reúne siempre que sea necesario y a petición de cualquiera de sus miembros. Sus acuerdos suelen ser adoptados por mayoría y quedan reflejados en un acta.

Obligaciones y responsabilidad

La participación de cada una de las empresas miembros de la unión temporal se fija, inicialmente, en la totalidad de derechos y obligaciones, así como en los riesgos, beneficios o pérdidas, en proporción a sus cuotas. Es habitual que, para atender los gastos comunes que conlleve la existencia y funcionamiento de la unión, se establezca por las partes un fondo operativo.

Cada uno de los miembros de la unión asume la obligación de realizar los trabajos o servicios que le correspondan dentro del proyecto que constituye el objeto de aquella, y según los acuerdos preexistentes entre las partes.

La responsabilidad de los miembros de la unión será siempre solidaria e ilimitada frente a terceros por los actos y operaciones en beneficio común, sin perjuicio del derecho de repetición que a las empresas miembros les asista a fin de exigir responsabilidades a aquella que hubiere ocasionado tal responsabilidad; es decir, las reclamaciones podrán hacerse contra cualquiera de las empresas que formen la unión (eso significa que la responsabilidad es «solidaria») y sin que la empresa reclamada pueda alegar ningún pacto de limitación de responsabilidad.

Los empresarios contratados, sin formalizar la unión en escritura pública hasta que la adjudicación se efectúe en su favor, quedan igualmente obligados de forma solidaria ante la administración.

Contabilidad

La unión deberá llevar una contabilidad separada de la de sus miembros que permita conocer, en todo momento, el detalle de sus operaciones y la situación económica de la misma. Será responsabilidad del gerente la llevanza y custodia de los libros de contabilidad y el cumplimiento de las obligaciones contables y fiscales impuestas en las leyes.

Los libros de contabilidad estarán siempre a disposición de cualquiera de los partícipes.

Antes de la fecha que estatutariamente se determine, se formará, con carácter anual, y por parte del gerente, el balance anual y la cuenta de pérdidas y ganancias, que serán sometidos a la aprobación de las empresas asociadas.

Disolución y liquidación

Las causas más usuales de disolución de la unión son la finalización de su objeto (si bien, subsistirá el tiempo preciso para el cumplimiento de las obligaciones y el ejercicio de los derechos dimanantes de su objeto), el transcurso del plazo previsto en sus propios estatutos o el acuerdo de las empresas partícipes.

Es importante tener en cuenta que, tras la disolución, se abrirá el periodo de liquidación de la unión. El gerente cesará y las empresas partícipes nombrarán un liquidador. Este podrá ser el propio gerente, quien tendrá todas las facultades necesarias para llevar a cabo la liquidación.

En la fase de liquidación, en la que se liquidarán todos los bienes que pudieran pertenecerle, se calcula el metálico existente a su favor y se satisfacen las deudas. Si hubiera excedentes, se repartirán entre los miembros según lo pactado o en función de sus aportaciones. Si quedasen deudas, responderán de ellas los miembros de la unión, de forma solidaria e ilimitada. Una vez terminada la liquidación, el liquidador rendirá cuentas de su gestión a los miembros.

Aspectos fiscales

El régimen tributario de las uniones temporales de empresas se regula por la Ley 18/1982 de 26 de mayo. En lo esencial, este régimen es idéntico al de la agrupación de interés económico, con la particularidad de que en las operaciones entre la unión y sus miembros no son de aplicación las normas sobre operaciones vinculadas contenidas en el artículo 16 del Impuesto de Sociedades.

APÉNDICE

MODELOS
DE DOCUMENTOS

ESTATUTOS DE UNA SOCIEDAD COLECTIVA

Capítulo I. Razón social, objeto, domicilio y duración de la sociedad

Artículo 1. La presente sociedad mercantil se rige por los presentes estatutos y, con sujeción al Código de comercio y demás normas complementarias, se establecerá bajo la razón social de Martínez y Pérez, Sociedad Colectiva.

Artículo 2. La sociedad tiene por objeto la venta al público de ropas y tejidos.

Artículo 3. La sociedad es de nacionalidad española, y el domicilio social se fija en Jerez de la Frontera, calle de Sevilla, n.º 8, sin perjuicio de las sucursales o de las dependencias que se deseen establecer.

Artículo 4. La duración de la sociedad es indefinida y comenzará sus operaciones el día 15 de junio de 2001.

Capítulo II. Del capital social. Aportaciones de los socios

Artículo 5. El capital social se fija en la cantidad de dos millones de pesetas, que se aporta por los socios en la siguiente proporción: el señor Martínez aporta la suma de 1.000.000 de ptas. y el señor Pérez también aporta 1.000.000 de ptas.

Todos los bienes y derechos reseñados son conocidos por los socios, habiendo sido justipreciados los bienes *in natura*, por acuerdo unánime, a los fines previstos en el artículo 172 del Código de comercio.

Artículo 6. El capital social ha quedado aportado y asciende a la cantidad citada, que corresponde por partes iguales a cada uno de los socios, una vez transferidas las respectivas aportaciones a la sociedad.

Artículo 7. La participación de cada socio no podrá cederse sin el consentimiento unánime del resto de los socios.

Artículo 8. Todos los socios contraen la prohibición de concurrencia personal o financiera, por sí mismos o por la persona interpuesta en los negocios que desarrolle la sociedad.

CAPÍTULO III. DEL GOBIERNO DE LA SOCIEDAD

Artículo 9. El gobierno, gestión y representación de la sociedad corresponde a la junta de socios y a la gerencia.

Artículo 10. La junta de socios se deberá reunir todos los años en el domicilio social, dentro de los primeros seis meses del ejercicio.

La convocatoria se hará con siete días de antelación, por uno de los gestores, por cualquiera de los medios admitidos en derecho, con expresión del orden del día.

En la junta anual ordinaria se examinará el balance, la memoria y la cuenta de pérdidas y ganancias, con los comprobantes pertinentes para su aprobación o censura, así como la propuesta de distribución de beneficios.

Será designado presidente el socio gestor de más edad, y actuará de secretario el más joven.

Cada socio tendrá un voto, y los acuerdos serán válidos cualquiera que sea el número de socios presente, tomándose los mismos por unanimidad, sin perjuicio de lo dispuesto en el artículo 130 del Código de comercio.

Los acuerdos deberán transcribirse en el libro correspondiente junto con la firma de los que actúen de presidente y de secretario más la de, como mínimo, otro socio.

De los mismos se expedirán certificaciones con la firma del secretario y el consentimiento del presidente.

La asistencia podrá delegarse por escrito para cada junta en cualquier otro socio.

No serán necesarios los requisitos formales de convocatoria cuando hallándose presentes todos los socios decidan por unanimidad celebrar una junta de socios.

Artículo 11. Será necesario el consentimiento unánime de los socios:

a) para autorizar la cesión de las participaciones sociales;
b) para la ampliación o reducción del capital social;
c) para la modificación de los estatutos;
d) para la transformación, fusión o disolución de la sociedad.

Capítulo IV. De la gerencia

Artículo 12. Corresponderá a la gerencia la gestión de la sociedad en todas las materias que no hayan sido reservadas a la junta de socios.

La gerencia será desempeñada por ambos socios, solidariamente, con plenitud de poderes y facultades en sus relaciones con terceras personas. Será necesaria la firma social para todo aquello que se relacione con el objeto de la sociedad. También se precisarán poderes judiciales a favor de los procuradores o factores mercantiles.

Artículo 13. Con independencia de los beneficios sociales por sus participaciones en la sociedad, los socios gestores percibirán una remuneración por su trabajo que será fijada por la junta de socios.

Capítulo V. Del régimen económico de la sociedad

Artículo 14. El ejercicio social empezará el 1 de enero y terminará el 31 de diciembre.

Cada año, y con relación al 31 de diciembre, la gerencia dará parte del balance, la memoria y la cuenta de pérdidas y ganancias que, junto con los comprobantes pertinentes, se presentará a la junta de socios para su examen y aprobación, si procede.

Artículo 15. Todos los socios tienen derecho a estar informados de la marcha de los negocios sociales, conforme a lo dispuesto en el artículo 153 del Código de comercio.

Artículo 16. La proporción en las pérdidas, si la hubiere, será la misma que en las ganancias, es decir, la que resulte de la participación de cada socio en el capital social.

CAPÍTULO VI. DE LA SEPARACIÓN DE LOS SOCIOS

Artículo 17. Ningún socio podrá provocar la disolución de la sociedad si los restantes desean continuar en la misma.

El socio que pretenda separarse de la sociedad tendrá derecho a pedir la devolución de la participación en el haber líquido social, o capital aportado más reservas, si las hubiere, deducido, en su caso, el saldo deudor de las cuentas de pérdidas y ganancias, de acuerdo con el último balance aprobado en la junta de socios.

Artículo 18. Los socios continuadores podrán optar entre hacerse cargo de la participación del disidente, abonando de su propio patrimonio el haber líquido resultante, o disminuir el capital social.

El pago deberá conferirse dentro del plazo de siete días en el supuesto de que los demás socios adquieran la participación del saliente. Transcurrido el plazo fijado, el socio disidente podrá proceder ejecutivamente contra la sociedad.

CAPÍTULO VII. DE LA DISOLUCIÓN DE LA SOCIEDAD

Artículo 19. La sociedad se disolverá por las causas previstas en el artículo 218 y siguientes del Código de comercio y, además, por acuerdo unánime de todos los socios.

Artículo 20. Los socios nombrarán entre ellos y por mayoría a los liquidadores, con facultades conjuntas para realizar actos de enajenación y gravamen, ejercitar acciones y representar a la sociedad durante el periodo de liquidación ante toda clase de corporaciones, oficinas, entidades y personas.

CERTIFICACIÓN DE ACUERDOS ADOPTADOS POR UNA JUNTA GENERAL DE ACCIONISTAS

Doña Begoña Pérez Remla, en su calidad de administrador único de la entidad mercantil de carácter anónimo denominada ARE-DARF, SA, titular del C.I.F. M-00-666555,

CERTIFICA

que, en el libro de actas de la sociedad, figura la correspondiente a la junta general celebrada el día 22 de marzo de 1999, de la que resultan los particulares siguientes:

a) Que se celebró en el domicilio social, sito en Borja, calle de Ernesto Muriel, n.º 5, al hallarse presentes la totalidad de los accionistas, quienes acordaron por unanimidad constituirse en junta general extraordinaria universal para tratar el siguiente orden del día, aprobado por unanimidad:

Primero. Reducción del capital en 6.010,12 euros mediante la disminución del valor nominal de todas y cada una de las acciones, a fin de restablecer el equilibrio entre el capital y el patrimonio de la sociedad disminuido a consecuencia de las pérdidas.

Segundo. Nueva redacción del artículo 7 de los estatutos sociales, relativo a la cifra del capital social.

Tercero. Delegación de facultades.

b) Que actuaron de presidente don Pedro Cañadas Fernández y de secretario don Benjamín Cañadas Fernández, elegidos unánimemente por la junta para el desempeño de tales cargos.

c) Que se hallaba presente, con voz pero sin voto en cuanto tal, el administrador único de la compañía, quien había formulado el informe a que se refiere el artículo 144*a* del texto refundido de la Ley de sociedades anónimas, en el que se justifica la reducción de la cifra del capital social y se propone una nueva redacción del correspondiente artículo estatutario.

d) Que no existen en la sociedad obligacionistas o titulares de acciones sin voto.

e) Que se redactó la correspondiente acta en la que figuran el nombre y la firma de los accionistas, la cual, leída y aprobada por unanimidad al final de la reunión, fue firmada por el secretario de la junta con el visto bueno del presidente.

f) Que los acuerdos adoptados por unanimidad fueron los del siguiente tenor literal:

Primero. Con la finalidad de restablecer el equilibrio entre el capital social y el patrimonio disminuido por pérdidas, se reduce el capital social de la compañía en la cuantía de 6.010,12 euros, mediante la disminución del valor nominal de todas y cada una de las 1.000 acciones en que se halla dividido y representado el capital de la sociedad.

Cifra de la reducción de capital: el capital social de la compañía, hasta la fecha fijado en 120.202,42 euros, se reduce, según se ha expuesto, en la suma de 6.010,12 euros, dejándolo establecido, por lo tanto, en 114.192,30 euros.

Finalidad y procedimiento de la reducción: la reducción de capital acordada tiene por finalidad el restablecimiento del equilibrio entre el capital y el patrimonio de la sociedad disminuido por pérdidas, y se lleva a cabo mediante la reducción de todas y cada una de las acciones en que se halla dividido y representado el capital social de la compañía.

A los efectos de lo que dispone el artículo 164.4 del texto refundido de la Ley de sociedades anónimas, se hace constar expresamente que la presente reducción del capital social afecta a todas las acciones en que se halla dividido y representado el capital de la compañía sin excepción, en proporción a su valor nominal.

Balance que sirve de base a la operación: el balance que sirve de base a la operación es el cerrado a 15 de marzo del año 1999, que es aprobado con valor y efectos de unanimidad en este mismo acto por la junta, y que ha sido verificado por los auditores de cuentas de la sociedad MDF, SL, en fecha de 17 de marzo del año 1999 y que es, asimismo, en lo menester, aprobado por la junta con valor y efectos de unanimidad.

Plazo de ejecución del acuerdo: el precedente acuerdo de reducción del capital social se ejecuta en este mismo acto, procediéndose, por parte de los accionistas, a la entrega al administrador de los títulos de las acciones para que este sustituya las mismas por otras en las que conste su nuevo valor nominal.

Pérdidas: se hace constar que, como consecuencia de la reducción, la sociedad ha eliminado las pérdidas acumuladas.

Segundo. Como consecuencia de los acuerdos precedentes, se modifica el artículo de los estatutos sociales que, con anulación de su actual redactado, pasará a ser del tenor literal que a continuación se indica:

Artículo 7. El capital se fija en la suma de 114.192,30 euros, dividido y representado por 1.000 acciones iguales, nominativas, de una sola serie y de 114,19 euros de valor nominal cada una de ellas, que se hallan totalmente suscritas y desembolsadas.

Y para que conste a efectos de su elevación a público y ulterior inscripción en el Registro mercantil, libro la presente certificación en Borja, a 22 de marzo del año 1999.

ESTATUTOS DE UNA SOCIEDAD ANÓNIMA

Estatutos sociales de MASTER TWIN, SA

Título I. Denominación, objeto, domicilio y duración

Artículo 1. Denominación. La sociedad se denomina MASTER TWIN, SA.

Artículo 2. Objeto social. La sociedad tiene por objeto la prestación de servicios, asistencia técnica, explotación, formación, información, asesoría, investigación, desarrollo y suministros en materia de informática, ofimática, telemática, robótica, redes de comunicaciones y otras nuevas tecnologías relacionadas con el tratamiento y difusión de datos e información, así como la puesta en relación de demandantes y prestatarios de tales servicios, actividades y suministros.

Las actividades integrantes del objeto social podrán ser desarrolladas total o parcialmente de modo indirecto mediante la titularidad de acciones o de participaciones en sociedades con objeto idéntico o análogo.

Artículo 3. Actividades excluidas y supuestos especiales. Quedan excluidas del objeto social todas aquellas actividades para cuyo ejercicio la ley exija requisitos especiales incumplidos por esta sociedad.

Si las disposiciones legales exigiesen para el ejercicio de algunas de las actividades comprendidas en el objeto social algún título profesional o autorización administrativa o inscripción en Registro público de cualquier clase, dichas actividades deberán realizarse a través de una persona que ostente dicha titularidad profesional y, en su caso, no podrán iniciarse antes de que se hayan cumplido los requisitos administrativos exigidos.

Artículo 4. Domicilio. La sociedad fija su domicilio en la ciudad de Barcelona, calle de Roger de Flor, 458.

Por acuerdo del órgano de administración podrá trasladarse el domicilio social dentro de la misma población donde se halle establecido, así como crearse, trasladarse, modificarse o suprimirse sucursales, agencias o delegaciones, tanto en territorio nacional como extranjero, siempre que el desarrollo de la actividad de la empresa lo haga necesario o conveniente, así como modificarse el texto material del párrafo primero del presente artículo.

Artículo 5. Duración o comienzo de actividades. La sociedad tiene una duración indefinida, habiendo dado comienzo a sus operaciones el día del otorgamiento de la escritura fundacional.

TÍTULO II. CAPITAL SOCIAL Y ACCIONES

Artículo 6. Capital social. El capital social se fija en diez millones de pesetas (10.000.000. ptas.) representado por mil (1.000) acciones nominativas, de clase y serie únicas, numeradas correlativamente del 1 al 1.000, ambos inclusive, de 10.000 pesetas de valor nominal cada una, totalmente suscritas y desembolsadas en un 50 % de su valor nominal. Se prevé la emisión de títulos múltiples.

Los desembolsos pendientes se realizarán en metálico en el plazo máximo de quince años. Los administradores quedan autorizados para modificar por sí mismos este artículo a medida que se produzcan los sucesivos desembolsos.

Artículo 7. Libro de registro de acciones nominativas. Las acciones nominativas figurarán en un libro de registro que llevará la sociedad, en el que se inscribirán las sucesivas transferencias de las acciones, con expresión del nombre, apellidos, razón o denominación social, en su caso, nacionalidad y domicilio de los sucesivos titulares, así como la constitución de derechos reales y otros gravámenes sobre aquellas. La sociedad sólo reputará accionista a quien se halle inscrito en dicho libro. Cualquier accionista que lo solicite podrá examinar el libro de registro de acciones nominativas.

Artículo 8. Transmisibilidad de las acciones. La transmisión de las acciones estará sujeta a los siguientes requisitos:

a) *Transmisión entre vivos.* Es libre la transmisión voluntaria de acciones por actos *inter vivos* entre socios. Cualquier otro propósito de transmisión que el socio pretenda realizar a una persona extraña a la sociedad deberá ser comunicado por escrito y dirigido al órgano de administración, el cual lo notificará a los socios en el plazo de quince días. Los socios podrán optar a la compra dentro de los treinta días siguientes a la notificación y, si son varios los que quieren adquirir las acciones, se distribuirán entre todos a prorrata del valor nominal de las que cada uno sea titular. En el caso de que ningún socio ejercite su derecho, y previa reducción del capital social, podrá adquirir la sociedad estas acciones en el plazo de otros treinta días, para ser amortizadas. Transcurrido este último plazo, el socio quedará libre para transmitir sus acciones en la forma y modo que tenga por conveniente. Para el ejercicio de esta acción, el precio de venta en caso de discrepancia será fijado por tres peritos, nombrados uno por cada parte y un tercero de común acuerdo o, si este no se logra, por el juez.

b) Transmisión por causa de muerte. La transmisión de acciones por herencia o legado no estará sujeta a ninguna limitación si quien las adquiere es ascendiente, descendiente o cónyuge del socio fallecido. En otro caso, la sociedad podrá rechazar la inscripción de la transmisión en el libro de registro de acciones nominativas, presentando al heredero un adquirente de las acciones u ofreciéndose a adquirirlas ella misma por su valor real en el momento en que se solicite la inscripción, de acuerdo con el sistema de adquisición derivativa de acciones propias; se entenderá por valor real el que fije el auditor de cuentas de la sociedad o, a falta de este, el nombrado por el registrador mercantil.

Artículo 9. Copropiedad de acciones. Las acciones son indivisibles. Los copropietarios de una acción habrán de designar a una sola persona para el ejercicio de los derechos de socio y responderán solidariamente frente a la sociedad de cuantas obligaciones se deriven de la condición de accionista. La misma regla se aplicará a los demás supuestos de cotitularidad de derechos sobre las acciones.

Artículo 10. Usufructo, prenda y embargo de acciones. En caso de usufructo, prenda o embargo de acciones se tomarán las medidas dispuestas en los artículos correspondientes de la vigente Ley de sociedades anónimas.

Artículo 11. Derechos individuales. Cada acción confiere a su titular legítimo la condición de socio y, además, como mínimo, los siguientes derechos:

a) Participación en el reparto de los beneficios y en el patrimonio resultante de la liquidación.

b) Suscripción preferente en la emisión de nuevas acciones o de obligaciones convertibles en acciones.

c) Asistencia y voto en las juntas generales e impugnación de los acuerdos sociales.

d) Información.

e) Los que confiera la ley o los estatutos.

Título III. Órganos de la sociedad

Artículo 12. Junta general. Los accionistas, constituidos en junta general debidamente convocada, decidirán por mayoría en los asuntos propios de su competencia.

Todos los socios, incluso los disidentes y no asistentes a la reunión, quedarán sometidos a los acuerdos de la junta general, sin perjuicio de los derechos de separación y de impugnación en los casos y con los requisitos establecidos en la ley.

Artículo 13. Clases de juntas. Las juntas generales podrán ser ordinarias o extraordinarias. La junta general ordinaria, previamente convocada al efecto, se reunirá dentro de los seis primeros meses de cada ejercicio, para censurar la gestión social, aprobar las cuentas del ejercicio anterior y resolver la aplicación del resultado. Toda junta que no sea la anteriormente prevista tendrá la consideración de junta general extraordinaria.

Artículo 14. Convocatoria. La junta general deberá ser convocada en la forma determinada por la ley.

Artículo 15. Junta universal. No obstante lo dispuesto en los anteriores artículos 13 y 14, la junta se entenderá convocada y quedará constituida para tratar cualquier asunto siempre que esté presente o representado todo el capital social y los asistentes acepten por unanimidad la celebración de la misma.

Artículo 16. Facultad y obligación de convocar. El órgano de administración podrá convocar la junta general extraordinaria de accionistas siempre que lo estime conveniente para los intereses sociales. Deberá, asimismo, convocarla cuando lo soliciten socios que sean titulares de, al menos, un 5 % del capital social, expresando en la solicitud los asuntos a tratar en la junta. En este caso, se deberá convocar una junta dentro de los treinta días siguientes a la fecha en que se hubiese requerido notarialmente al órgano de administración para celebrarla. El órgano de administración confeccionará el orden del día, incluyendo los asuntos objeto de solicitud.

Artículo 17. Constitución. La junta general de accionistas quedará constituida en primera convocatoria cuando los accionistas presentes o representados posean, al menos, el 25 % del capital suscrito con derecho de voto. En segunda convocatoria, será válida la constitución de la junta cualquiera que sea el capital concurrente a la misma.

Para que la junta general ordinaria o extraordinaria pueda acordar la emisión de obligaciones, el aumento o la reducción del capital, la transformación, la fusión o la escisión de la sociedad y, en general, cualquier modificación de los estatutos sociales, será necesaria, en primera convocatoria, la concurrencia de accionistas presentes o representados que posean, al menos, el 50 % del capital suscrito con derecho a voto. En segunda convocatoria será suficiente la concurrencia del 25 % de dicho capital. Cuando concurran accionistas que representen menos del 50 % del capital suscrito con derecho a voto, los acuerdos a que se refiere este párrafo sólo podrán adoptarse con el voto favorable de los dos tercios del capital presente o representado en la junta.

Artículo 18. Asistencia a la junta. Podrán asistir a la junta los titulares de cualquier número de acciones que hayan verificado su inscripción en el libro de registro de acciones nominativas de la sociedad con cinco días de antelación a aquel en que haya de celebrarse la junta. El documento que acredite el cumplimiento de estos requisitos será nominativo y surtirá eficacia legitimadora frente a la sociedad.

Artículo 19. Asistencia y representación. Todos los accionistas tienen derecho a asistir a la junta general por sí mismos o bien representados por otra persona, accionista o no. La representación comprenderá la totalidad de las acciones del representado, tendrá que conferirse por escrito y, si no consta en documento público, deberá ser especial para cada junta.

Artículo 20. Lugar de celebración. Las juntas se celebrarán en el lugar señalado en la convocatoria por el órgano de administración, siempre dentro del término municipal donde radique el domicilio social.

Artículo 21. Presidente y secretario. Actuarán como presidente y secretario de la junta las personas que los accionistas presentes elijan por mayoría.

Artículo 22. Deliberación y acuerdos. El presidente concederá el uso de la palabra y determinará el tiempo de las intervenciones, así como cuándo deben darse por concluidas. Los acuerdos se adoptarán por mayoría absoluta, salvo los supuestos en que la ley o estos estatutos exigen mayoría de acciones determinadas o mayorías reforzadas o simples. En cualquier caso, el acuerdo para entablar la acción de responsabilidad contra el órgano de administración se tomará por mayoría simple.

Artículo 23. Acta de la junta. El acta de la junta podrá ser aprobada por la propia junta, al final de la reunión o dentro del plazo de los siguientes quince días, por el presidente y dos interventores, uno en representación de la mayoría y otro de la minoría.

El acta aprobada por cualquiera de estas formas tendrá fuerza ejecutiva a partir de la fecha de su aprobación.

Artículo 24. Acta notarial de la junta. El órgano de administración podrá requerir el levantamiento del acta notarial de la junta y estará obligado a hacerlo siempre que, con cinco días de antelación a la fecha prevista para la celebración de la junta, lo soliciten los accionistas que representen al menos el 1 % del capital social.

Artículo 25. Órgano de administración. La sociedad será administrada y representada por dos administradores solidarios.

Artículo 26. Incompatibilidades. Un administrador no tiene por qué ser socio de la compañía. Sin embargo, no podrá ser administrador quien se halle incurso en causa alguna de incompatibilidad legal, en especial las prescritas en la Ley 12/1995, de 11 de mayo.

Artículo 27. Duración del cargo. Los administradores ejercerán su cargo durante cinco años, pudiendo ser separados de su cargo por la junta general, aunque esta no conste en el orden del día.
Artículo 28. Facultades del órgano de administración. La representación de la sociedad en juicio y fuera de él corresponde indistintamente a los administradores solidarios y se extenderá a todos los actos comprendidos en el objeto social.
Artículo 29. Retribución de los administradores. El cargo de administrador es gratuito, por lo que los administradores no tendrán derecho a ningún tipo de remuneración.

Título IV. Cuentas anuales

Artículo 30. Ejercicio social. La fecha de cierre del ejercicio social será el día 30 de septiembre de cada año.
Artículo 31. Distribución de dividendos. La distribución de dividendos a los accionistas se realizará en proporción a su participación en el capital social desembolsado.
Artículo 32. Cuentas anuales. El órgano de administración está obligado a formular, en el plazo máximo de tres meses desde el cierre del ejercicio social, las cuentas anuales, el informe de gestión, si procede, y la propuesta de aplicación del resultado. Las cuentas anuales comprenderán el balance, la cuenta de pérdidas y ganancias y la memoria. Estos documentos, que forman una unidad, deberán ser redactados con claridad y mostrar la imagen fiel del patrimonio, de la situación financiera y de los resultados de la sociedad, de acuerdo con lo establecido en la ley y en el Código de comercio, y deberán estar firmados por los administradores.

Título V. Disolución y liquidación

Artículo 33. Disolución. Salvo los casos de disolución establecidos por la ley, la sociedad se disolverá según lo acuerde la junta general, siempre y cuando cumpla con los requisitos establecidos en la ley.

Cuando la sociedad deba disolverse por causa legal que exija acuerdo de la junta general, el órgano de administración deberá convocarla, dentro del plazo de dos meses desde que concurra dicha causa, para que adopte el acuerdo de disolución, procediendo en la forma establecida en la ley si no se lograse el acuerdo por cualquier causa.

Cuando la disolución deba tener lugar por reducirse el patrimonio contable a menos de la mitad del capital social, aquella podrá evitarse mediante acuerdo de aumento o reducción del capital o por reconstrucción del patrimonio social en la medida suficiente.

Artículo 34. Liquidación. La disolución de la sociedad abre el periodo de liquidación, y quienes en dicho momento fueran administradores de la sociedad quedarán convertidos en liquidadores, salvo que la junta general que acuerde la disolución proceda al nombramiento y determinación de facultades de uno o varios liquidadores, con un máximo de siete.

Serán de aplicación a los liquidadores las normas establecidas en estos estatutos y en la ley para los administradores, en lo que permita su especial regulación.

Los liquidadores ostentarán las atribuciones y facultades señaladas en la ley y también aquellas con que hayan sido investidos por la junta general al acordar su nombramiento; en particular, podrán cobrar créditos, pagar débitos, exigir y cumplir derechos y obligaciones pendientes, disponer de los elementos del activo, formar lotes y satisfacer a los socios la cuota resultante de la liquidación, incluso adjudicándoles los elementos del activo, en exacta proporción a su participación social.

Disposición final. En todo lo no previsto en estos estatutos, regirá la vigente Ley de sociedades anónimas y las demás disposiciones complementarias que sean de aplicación.

ESTATUTOS DE UNA SOCIEDAD DE RESPONSABILIDAD LIMITADA

Estatutos de la sociedad LOPAIAL, SL.

Artículo 1. Denominación. La sociedad se denomina LOPAIAL, SL.
Artículo 2. Objeto. La sociedad tiene por objeto:

a) la contratación y ejecución completa de toda clase de obras, servicios, instalaciones y demás ramos auxiliares o complementarios de la industria de la construcción;
b) la comercialización y conservación de toda clase de maquinaria que haya quedado incluida o se derive de la oferta o contratación de las obras;
c) la realización de toda clase de operaciones inmobiliarias sobre fincas rústicas o urbanas, tanto por cuenta propia como ajena.

Las actividades integrantes del objeto social podrán ser desarrolladas por la sociedad, total o parcialmente, de modo directo o indirecto, incluso mediante su participación en otras sociedades de objeto idéntico o análogo.
Artículo 3. Duración y fecha de comienzo de operaciones. La duración de la sociedad es indefinida. Sus operaciones empiezan el día del otorgamiento de la escritura fundacional, salvo para aquellas actividades que necesiten inscripción en algún registro administrativo. En este último supuesto, darán comienzo el día de su inscripción.
Artículo 4. Domicilio. El domicilio de la sociedad se establece en Vigo, avenida de los Tilos, 22. El órgano de administración social podrá trasladar el domicilio dentro del mismo término municipal donde se halle establecido, así como crear, trasladar o suprimir las sucursales, agencias o delegaciones, tanto en territorio nacional como extranjero, que el desarrollo de la actividad de la sociedad haga necesario o conveniente.

Artículo 5. Capital. El capital social es de 3.005,06 euros. Está dividido en 500 participaciones sociales iguales, y el valor nominal de cada una es de 60,10 euros. Están numeradas correlativamente del 1 al 500, ambos inclusive.

El capital social está suscrito y desembolsado.

Artículo 6. Órgano de administración. La administración de la sociedad podrá ser ejercida por un administrador único, varios administradores que actúen solidaria o conjuntamente o por un consejo de administración. La junta general de socios tendrá facultad de optar por cualquiera de estos distintos modos de organizar la administración de la sociedad sin que sea necesaria la modificación de los estatutos.

El ejercicio del cargo de administrador, sus responsabilidades frente a la sociedad, a los socios y a cualesquiera otras personas, físicas o jurídicas y, en especial, todas las demás circunstancias concurrentes en el desempeño de su función, se regirán por la legislación vigente sobre sociedades de responsabilidad limitada relativa a estos extremos, salvo si los presentes estatutos establecen lo contrario.

Los administradores ejercerán su cargo por plazo indefinido. Serán retribuidos en la cuantía fija que establezca anualmente la junta general.

En caso de que varios administradores formaran el órgano de administración, estos no podrán exceder de tres y al menos dos de ellos deberán ejercer, de forma mancomunada, el poder de representación de la sociedad.

Si el órgano de administración estuviera formado por varios administradores solidarios, estos no podrán exceder de cinco, con un mínimo de dos, correspondiendo el poder de representación de la sociedad a cada uno de ellos, sin perjuicio de las disposiciones contenidas en estos estatutos.

Artículo 7. Consejo de administración. Cuando exista un consejo de administración, este se reunirá una vez al año o cuando lo soliciten dos consejeros. El lugar ordinario de reunión será el domicilio social, pero, y por determinación del presidente, el consejo de administración podrá celebrarse en cualquier otro lugar de la misma población, siempre y cuando se señale en la convocatoria.

La convocatoria la llevará a cabo el presidente, o el vicepresidente, por correo certificado con acuse de recibo, a cada uno de los consejeros, con un mínimo de quince días de antelación a la reunión del consejo de administración; el plazo se computará a partir de la fecha en que se hubiera remitido el anuncio al último de los consejeros.

En todo caso, la convocatoria expresará el nombre de la sociedad, la fecha y hora de la reunión, el nombre de la persona que realice la comunicación, así como el orden del día, en el que figurarán los asuntos que se vayan a tratar.

El consejo quedará válidamente constituido cuando concurran a la reunión, presentes o representados por otro consejero, la mitad más uno de sus miembros y los acuerdos se tomarán por mayoría absoluta de los votos de los consejeros asistentes a la reunión.

No obstante lo dispuesto en los dos párrafos anteriores, el consejo de administración quedará constituido para tratar cualquier asunto siempre que estén presentes todos los miembros del consejo de administración y los asistentes acepten por unanimidad la celebración de la reunión.

El consejo de administración deberá estar formado por un mínimo de tres miembros y un máximo de doce. Su nombramiento y separación corresponde a los socios, mediante su voluntad expresada en la junta general por mayoría de los votos emitidos, siempre que representen al menos un tercio de los votos correspondientes a las participaciones sociales en que se divida el capital social. La designación de los administradores que deban ocupar los cargos de presidente y secretario del consejo podrá llevarse a término por la voluntad de los socios expresada por la mayoría anterior. Sin embargo, a falta de la misma, será el propio consejo quien efectuará la designación.

Las funciones del consejo de administración se podrán delegar, total o parcialmente, si ello fuera posible, en uno o más consejeros con actuación conjunta o indistinta, según acuerde el consejo. En este caso, las personas designadas recibirán la denominación de «consejero delegado», que deberá formalizarse, en virtud del acuerdo del consejo de administración tomado con el voto favorable

legalmente procedente, la delegación de facultades en escritura pública que contenga todas las que se deleguen, practicándose la
aceptación y la inscripción en el Registro mercantil en la forma que
señale la legislación vigente.

Artículo 8. Facultades del órgano de administración. El órgano de
administración tendrá todas las facultades y atribuciones que por
ley no estén reservadas a la voluntad de los socios. A título enun-
ciativo, y no limitativo, se enumeran como facultades propias del
órgano de administración, además de las que la ley le atribuye, las
siguientes:

a) administrar los bienes de la sociedad; iniciar, proseguir y terminar toda clase de expedientes ante cualquier persona o entidades
u organismos del Estado, comunidad autónoma, provincia o municipio, ante los tribunales, juzgados y autoridades de cualquier clase
y jerarquía, y actuar como representante legal de la sociedad;

b) cobrar y pagar cuantas cantidades acredite la compañía por
cualquier título o causa, incluso los efectivos libramientos del Estado, comunidad autónoma, provincia o municipio, en cualquiera
de las dependencias, incluso delegaciones de Hacienda, firmando
los recibos y demás documentos que fueran exigidos;

c) representar a la sociedad en toda clase de contratos y operaciones, con facultades expresas para comprar, vender, permutar,
ceder, arrendar, gravar e hipotecar bienes muebles e inmuebles;
practicar agrupaciones y segregaciones de fincas, declarar restos,
formalizar declaraciones de obra nueva, constituir inmuebles en régimen de propiedad horizontal y realizar toda clase de actos que
tengan trascendencia registral; tomar inmuebles, industrias y maquinaria en arrendamiento o arrendar las que posea la sociedad, y
realizar toda clase de actos y contratos de administración y dominio;

d) tomar dinero a préstamo de cualquier persona o entidad, incluso del Banco Hipotecario de España, Banco de Crédito a la
Construcción, Banco de Crédito Industrial, cajas de ahorros, bancos en general y entidades similares, constituyendo en garantía del
capital y responsabilidades accesorios, que libremente podrá concer-
tar, toda clase de garantías personales, reales e incluso hipotecarias

sobre bienes de la sociedad y cancelar hipotecas u otros gravámenes constituidos sobre los bienes de la compañía;

e) librar, endosar, negociar, aceptar, cobrar, pagar y protestar letras de cambio, cheques y otros documentos de crédito y giro; abrir, seguir y cancelar cuantas cuentas corrientes, de efectivo o de crédito, con o sin garantías de efectos y otros bienes, precise para el ejercicio de la gestión social; constituir, cancelar y retirar fianzas provisionales y definitivas, así como depósitos de cualquier clase o naturaleza, todo ello en cualquier banco, caja de ahorros o entidad análoga, incluso el Banco de España y sus sucursales;

f) contratar y despedir personal, fijando su sueldo y demás emolumentos; formular expedientes de sanciones laborales ante la Magistratura de Trabajo o cualquier otra entidad u organismo, con expresa facultad de absolver posiciones en juicio y ratificarse en cuantas acciones sea preciso;

g) tomar parte en cualquier clase de subastas y concursos que convoquen particulares y otros organismos y dependencias del Estado, la comunidad autónoma, la provincia, el municipio y cualesquiera otros;

h) resolver, transigir, comprometer, iniciar, seguir y terminar cuantos expedientes, asuntos o gestiones interesen a la sociedad, y ejercer las acciones de toda índole que a ella correspondan;

i) conferir y revocar poderes de cualquier clase, incluso para litigar y pleitear, con las facultades ordinarias y extraordinarias que tenga a bien, así como recurrir en casación, sin limitación alguna; y

j) otorgar y firmar para todo cuanto antecede los documentos públicos y privados necesarios o convenientes, pactando en ellos todo género de cláusulas, sin ninguna limitación.

Artículo 9. La junta general. La junta general de socios es el órgano supremo de la sociedad. Representa legal y legítimamente a toda la masa social y a todos los socios; incluso los disidentes y los que no hayan participado en la reunión, quedan sometidos a los acuerdos que en ella se adopten.

La junta general será convocada por los administradores y, en su caso, por los liquidadores de la sociedad, dentro de los seis primeros meses de cada ejercicio con el fin de censurar la gestión social, aprobar, en su caso, las cuentas del ejercicio anterior y resolver sobre la aplicación del resultado.

Los administradores también podrán convocar la junta general siempre que lo consideren necesario o conveniente y, en todo caso, cuando lo soliciten uno o varios socios que representen, al menos, el 5 % del capital social, expresando en la solicitud los asuntos a tratar en la junta.

La convocatoria se realizará por correo certificado con acuse de recibo en el domicilio designado al efecto o en el que conste en el Libro de registro de socios, con un plazo mínimo de quince días entre la convocatoria y la fecha prevista para la reunión, computándose dicho plazo a partir de la fecha en que hubiere sido remitido el anuncio al último de los socios.

La convocatoria deberá expresar el nombre de la sociedad, la fecha y hora de la reunión, así como el orden del día, en el que figurarán los asuntos a tratar y el nombre de la persona o personas que realicen la comunicación.

No obstante los párrafos anteriores, la junta general quedará válidamente constituida para tratar cualquier asunto, sin necesidad de previa convocatoria, siempre que esté presente o representada la totalidad del capital social y los concurrentes acepten por unanimidad la celebración de la reunión y el orden del día de la misma.

Todos los socios tienen derecho a asistir a la junta general, personalmente o representados por las personas a que se refiere el artículo 49 de la LSRL.

El presidente y secretario de la junta general serán los mismos del consejo de administración y, en su defecto, los designados al comienzo de la reunión por los socios concurrentes.

Por regla general, los acuerdos sociales se adoptarán por la mayoría de los votos válidamente emitidos, sin que se computen aquellos en blanco, y siempre que representen al menos un tercio de los votos correspondientes a las participaciones sociales en que se divida el capital social, salvo las excepciones contenidas en la legislación vigente sobre sociedades de responsabilidad limitada o en estos estatutos.

Artículo 10. Régimen de las participaciones sociales. Sólo será libre la transmisión voluntaria de participaciones por actos *inter vivos* entre socios, así como la realizada en favor del cónyuge, ascendiente o descendiente del socio o en favor de sociedades pertenecientes al mismo grupo que la transmitente.

En los demás casos, el socio que se proponga transmitir *inter vivos* su participación o participaciones sociales deberá comunicarlo por escrito al órgano de administración de forma fehaciente, haciendo constar el número y características de las participaciones que pretende transmitir, la identidad de quien las adquirirá y el precio y demás condiciones de la transmisión, quien lo notificará a los demás socios en el plazo de quince días.

Estos podrán optar a la compra dentro de los treinta días siguientes a la notificación. Si los que deseen adquirir la participación o participaciones son varios, se distribuirán entre ellos a prorrata de sus respectivas participaciones sociales.

En el caso de que ningún socio ejercite el derecho de tanteo, podrá adquirir la sociedad esas participaciones en el plazo de otros treinta días, para ser amortizadas previa reducción del capital social. Transcurrido este último plazo, sin que por los socios ni por la sociedad se ejercite el derecho de tanteo, el socio quedará libre para transmitir sus participaciones sociales, en las mismas condiciones comunicadas al órgano de administración. En caso de que algún socio manifieste su voluntad de comprar las participaciones, el documento público de transmisión deberá otorgarse en el plazo de un mes, a contar desde el final del plazo de treinta días, concedido para manifestar su voluntad, antes mencionado.

Para el ejercicio del derecho de tanteo que se concede en el presente artículo, el precio de venta, en caso de discrepancia, será fijado por tres peritos, nombrados uno por cada parte y el otro de común acuerdo o, si esto no se logra, por el árbitro de equidad a que se refiere la disposición final de estos estatutos.

Artículo 11. Disposiciones económicas: cuentas anuales y aplicación del resultado. Los ejercicios sociales serán anuales. Cada ejercicio social se iniciará el día 1 de enero y se cerrará el 31 de diciembre de cada año.

El órgano de administración está obligado a formular, en el plazo máximo de tres meses, contados a partir del cierre de ejercicio social, las cuentas anuales, el informe de gestión y la propuesta de aplicación del resultado, así como, en su caso, las cuentas y el informe de gestión consolidados.

A partir de la convocatoria de la junta general, cualquier socio podrá obtener de la sociedad, de forma inmediata y gratuita, los documentos sometidos a la aprobación de la misma, así como el informe de gestión y, en su caso, el informe de los auditores de cuentas. En la convocatoria deberá hacerse mención de este derecho.

Durante el mismo plazo, el socio o socios que representen al menos el 5 % del capital podrán examinar en el domicilio social, ellos mismos o con un experto contable, los documentos que sirvan de soporte y de antecedente a las cuentas anuales.

Artículo 12. Disolución y liquidación. La disolución y liquidación de la sociedad tendrá lugar según las normas contenidas en los presentes estatutos y en el capítulo X de la LSRL, que regirá, además, como supletoria en los casos no previstos en estos estatutos.

Artículo 13. Sociedad unipersonal. En caso de que la sociedad devenga unipersonal, esta se atendrá a lo dispuesto en los artículos 125 y siguientes de la LSRL. El socio único ejercerá las competencias de la junta general.

Artículo 14. Disposiciones generales.

I. No podrán ocupar cargos en la sociedad ni ejercerlos las personas declaradas incompatibles en la medida y condiciones fijadas por la Ley 12/1995 de 11 de mayo, así como por las demás disposiciones legales, estatales o autónomas, en la medida y condiciones en ellas fijadas.

II. Para dirimir cualesquiera cuestiones que surjan por la interpretación y aplicación de estos estatutos, serán competentes los juzgados y tribunales de Vigo y sus superiores jerárquicos.

ESTATUTOS DE UNA AGRUPACIÓN EUROPEA DE INTERÉS ECONÓMICO

Cámaras Transalpinas de Comercio e Industria en España, AEIE

Estatutos

Título 1. Denominación, objeto, sede, duración

Artículo 1. Denominación. La agrupación se denominará *Cámaras Transalpinas de Comercio e Industria en España, AEIE.*

Artículo 2. Objeto. La agrupación tendrá como objeto facilitar y desarrollar las actividades propias de sus miembros para favorecer el desarrollo de las relaciones sociales y económicas italoespañolas.

Dentro de los límites que establece el reglamento CEE 2.137/85, la agrupación podrá realizar cualquier acto que sea preciso o conveniente para la realización de su objeto, incluyendo operaciones financieras, mobiliarias o inmobiliarias que directa o indirectamente se relacionen con el mismo objeto.

Artículo 3. Sede. La agrupación tendrá su sede y su administración central en Madrid, Paseo de las Acacias, 567.

La sede de la agrupación podrá ser transferida a cualquier otro lugar dentro del territorio nacional si así lo deciden los miembros.

La agrupación también podrá establecer toda clase de oficinas y delegaciones en España y en los demás Estados miembros de la Unión Europea si así lo deciden sus miembros.

Artículo 4. Capital. La agrupación se constituye sin capital. Sin embargo, la asamblea de miembros podrá decidir, en todo momento y por unanimidad, la constitución de un capital determinado.

Artículo 5. Duración. La duración de la agrupación será indefinida y sus operaciones se iniciarán el día de su constitución.

TÍTULO II. ADQUISICIÓN Y PÉRDIDA DE LA CONDICIÓN DE MIEMBRO

Artículo 6. Miembros de la agrupación. Son miembros fundadores de la agrupación las cantidades cuya denominación, forma jurídica, sede y datos registrales en su caso, se han consignado en la comparecencia de la escritura de constitución. Se podrá igualmente adquirir la condición de miembro de la agrupación de acuerdo con lo dispuesto en el pacto siguiente.

Artículo 7. Admisión de nuevos miembros. Sólo podrán ser miembros de la agrupación aquellas entidades que, sin ánimo de lucro, tengan por objeto la promoción y el favorecimiento del desarrollo de las relaciones sociales y económicas italoespañolas.

La decisión de admitir nuevos miembros la tomará, por unanimidad, la asamblea de miembros. Dicha decisión podrá definir las obligaciones que deberán ser asumidas por los nuevos miembros; en particular, dicha decisión podrá establecer que los nuevos miembros:

a) sean o no responsables del pago de las deudas originadas con anterioridad a su admisión, y

b) deban contribuir, en efectivo o en bienes, a los activos de la agrupación en proporción a su participación en la misma, si en el momento de la admisión la agrupación tuviera cualesquiera activos.

Los nuevos miembros deberán manifestar expresamente la aceptación de los pactos consignados en estos estatutos.

Artículo 8. Separación de miembros. Un miembro podrá separarse por su voluntad de la agrupación si mediara justa causa o cuando, habiendo cumplido todas las obligaciones que le incumben, lo notificara con seis meses de antelación. En cualquier otro supuesto, se requerirá el previo acuerdo unánime de los demás miembros.

Artículo 9. Exclusión de miembros. Habrá lugar a la exclusión de un miembro cuando incumpla gravemente sus obligaciones o provoque o amenace con provocar graves perturbaciones en el funcionamiento de la agrupación. Se considerará, entre otras causas, incumplimiento grave de las obligaciones de un miembro la falta de pago, en los sesenta días siguientes a su solicitud, de las contribuciones que deba hacer a la agrupación. La exclusión se producirá por la decisión unánime de los demás miembros.

Artículo 10. Transmisión de la condición de miembro. En ningún caso podrá un miembro transmitir su participación o una fracción de esta en la agrupación a terceros, pero sí podrá hacerlo a otro miembro con el acuerdo unánime de los demás.

Artículo 11. Pérdida de las condiciones requeridas para ser miembro. Además de la separación y de la exclusión, son causas de pérdida de la condición de miembro, desde el momento que se producen:

a) la extinción de la personalidad jurídica de un miembro;

b) cuando no se cumplan las condiciones exigidas por el reglamento 2.137/85 CEE o la ley española.

Artículo 12. Efectos de la pérdida de la condición de miembro. Cuando un miembro deje de pertenecer a la agrupación, el valor de los derechos que le corresponden o de las obligaciones que le incumben se determinará teniendo en cuenta el patrimonio de la agrupación en el momento en que el miembro deja de pertenecer a ella y no podrá ser fijado a tanto alzado de forma anticipada.

El miembro que deje de pertenecer a la agrupación seguirá respondiendo, en la parte que le corresponda, de las deudas que esta hubiere contraído con anterioridad a la pérdida de su condición de miembro.

Asimismo seguirá respondiendo de las contribuciones que hubiera de efectuar a la agrupación con anterioridad a la pérdida de su condición de miembro.

Cuando un miembro pierda su condición de tal por cualquier causa, la agrupación subsistirá entre los restantes miembros en las condiciones que determine la asamblea.

Título III. Derechos y obligaciones de los miembros

Artículo 13. Derechos de los miembros. Los miembros tendrá derecho a:

a) participar en la adopción de los acuerdos por la asamblea, según las condiciones especificadas en el título IV;

b) obtener del administrador información, incluso por escrito, sobre las actividades de la agrupación y examinar el estado de la administración y la contabilidad, así como tomar copias de la misma;

c) participar en la repartición del resultado anual y en la distribución del patrimonio resultante de la liquidación de la agrupación, de conformidad con lo establecido en estos estatutos.

Artículo 14. Obligaciones de los miembros. Los miembros están obligados a cumplir las disposiciones de estos estatutos y también los acuerdos adoptados por la asamblea celebrada de conformidad con lo establecido. En especial, los miembros deben contribuir a las pérdidas de la agrupación y aportar los medios de financiación y funcionamiento que la agrupación requiera, de acuerdo con la decisión de la asamblea que fije tales contribuciones o aportaciones según establece el pacto vigésimo.

Artículo 15. Responsabilidad de los miembros. Los miembros responden personal, solidaria e ilimitadamente de las deudas de la agrupación. Cuando un miembro se vea obligado a satisfacer una deuda o cualquier otra obligación, frente a un tercero, como consecuencia de la citada responsabilidad, podrá reclamar a los demás miembros el pago del importe que a cada uno de ellos le corresponda en proporción a sus respectivas contribuciones en la agrupación.

TÍTULO IV. ASAMBLEA DE MIEMBROS

Artículo 16. Convocatoria y celebración de la asamblea. La reunión de los miembros, denominada asamblea de miembros, podrá adoptar toda clase de acuerdos con el fin de realizar el objeto de la agrupación.

La asamblea se reunirá todos los años, dentro de los seis primeros meses del ejercicio, para censurar la gestión y aprobar las cuentas del ejercicio anterior. El administrador convocará la asamblea por medio de carta certificada enviada a los miembros con 15 días de antelación a la fecha fijada para la celebración de la misma, a iniciativa del administrador o a instancia de uno o varios miembros que representen al menos la tercera parte de los votos de la asamblea.

Si la convocatoria se realizase a instancia de uno o varios miembros, el administrador deberá convocar la asamblea dentro de los ocho días siguientes a la fecha de la recepción de la petición de la convocatoria, de acuerdo con lo establecido en el párrafo anterior.

Toda convocatoria incluirá un orden del día a que se atendrá la asamblea convocada, que estará presidida por uno de los miembros y asistida por un secretario, que no tendrá que ser un miembro de la agrupación. Los miembros podrán delegar su representación en la asamblea con una carta enviada al administrador.

La asamblea quedará válidamente constituida en primera convocatoria cuando concurran, presentes o representados, la totalidad de los miembros. En segunda convocatoria será válida la constitución de la asamblea cuando concurran, presentes o representados, la mitad más uno de los miembros de la agrupación.

Salvo que estos estatutos, el reglamento 2.137/85 CEE o la legislación española dispongan otra cosa, los acuerdos de la asamblea se adoptarán por mayoría simple.

El administrador concurrirá a las asambleas con voz pero sin voto, no pudiendo en ningún caso recibir delegación de voto.

La asamblea se celebrará de igual manera, sin previa convocatoria, cuando los miembros presentes o representados acepten por unanimidad la celebración de una asamblea universal.

Las decisiones se adoptarán mediante un documento escrito de consulta a propuesta de un miembro que represente al menos la tercera parte de los votos de la asamblea o del administrador. Este preparará el documento de consulta escrita dentro de los diez días siguientes a la recepción de la propuesta, si fuese a instancia de un miembro, y lo transmitirá simultáneamente a todos los miembros. Estos deberán firmar el documento expresando su voto a favor o en contra y devolverlo al administrador en el plazo de quince días.

El acuerdo se entenderá adoptado cuando todos los miembros expresen su voto afirmativo, con la sola excepción de aquellos casos en los que la naturaleza del acuerdo requiera la unanimidad.

Los acuerdos de la asamblea (en reunión o sin sesión) constarán en un documento redactado en lengua francesa y española y firmado por todos los miembros. El administrador transcribirá los acuerdos adoptados en el Libro de actas de la agrupación.

Artículo 17. Competencia. Corresponde exclusivamente a la asamblea la adopción, por unanimidad, de los acuerdos que se refieren a las materias siguientes:

a) la modificación del objeto de la agrupación;

b) la modificación del número de votos atribuido a cada miembro;

c) la modificación de los requisitos para la adopción de acuerdos;

d) la modificación de la cuota de contribución de todos los miembros o de alguno de ellos a la financiación de la agrupación, así como la aprobación del presupuesto anual;

e) la modificación de cualquier otra obligación de un miembro;

f) cualquier modificación de estos estatutos no prevista en los apartados precedentes;

g) la aprobación del reglamento interior de la agrupación.

Artículo 18. Derecho de voto. Cada miembro fundador tendrá dos votos. Todo nuevo miembro admitido con anterioridad al 31 de marzo de 1991 tendrá un solo voto.

TÍTULO V. ADMINISTRACIÓN Y REPRESENTACIÓN DE LA AGRUPACIÓN

Artículo 19. Administración de la agrupación. La agrupación será regida y administrada por un administrador, cuya elección y separación corresponde a la asamblea y requiere el voto favorable de las dos terceras partes de los votos de la asamblea.

El cargo de administrador podrá ser remunerado. La remuneración la fijará la asamblea de miembros.

Cualquier persona física podrá ser administrador, siempre que no esté incursa en las incompatibilidades referidas en el artículo 19 del reglamento 2137/85 CEE o la legislación española al respecto.

Artículo 20. Poderes del administrador. Sin perjuicio de terceros, el administrador sólo podrá realizar actos que comprometan a la agrupación y que estén dentro de los términos del pacto segundo de estos estatutos. No celebrará ningún contrato de ninguno de los miembros, salvo si está autorizado para ello por los demás miembros. En especial, corresponde al administrador:

a) la representación de la agrupación, en juicio o fuera de él, ante entidades, organismos, particulares, empresas, Estado, comunidades autónomas, provincias, municipios, otras personas físicas o jurídicas y tribunales de cualquier índole;

b) abrir, contestar y firmar la correspondencia;

c) contratar y despedir empleados y fijar sus sueldos y atribuciones;

d) librar, aceptar, endosar, descontar y protestar letras de cambio y demás documentos de giro; abrir, seguir y cerrar cuentas corrientes, de ahorro y de crédito y disponer de su saldo; dar conformidad a extractos de cuentas, constituir depósitos de todas clases, así como fianzas y cancelarlos y realizar toda clase de operaciones bancarias, incluso con el Banco de España;

e) tomar parte en concursos y subastas y aceptar adjudicaciones;

f) hacer y contestar notificaciones y requerimientos;

g) hacer toda clase de cobros y pagos, incluso percibir cuanto fuere adeudado a la agrupación por parte del Estado, comunidades autónomas, provincias y municipios;

h) celebrar toda clase de contratos cualquiera que sea su índole;

i) comprar y vender bienes muebles y objetos de todas clases;

j) celebrar contratas de seguros de todas clases, pagar primas y contratar y cobrar indemnizaciones;

k) comparecer ante toda clase de tribunales y ejercitar ante ellos cuantas acciones, demandas, excepciones, renuncias y aceptaciones correspondan a la agrupación, con facultades para ratificarse y confesar en juicio;

l) otorgar poderes en la extensión que tenga por conveniente y en la persona que crea oportuno, tanto judiciales como extrajudiciales, y modificar o revocar los apoderamientos conferidos.

El administrador tendrá la facultad de certificar los acuerdos adoptados por los miembros y elevarlos a públicos, así como solicitar la inscripción en el Registro mercantil de los actos cuya inscripción sea obligatoria.

TÍTULO VI. FINANCIACIÓN DE LA AGRUPACIÓN Y REPARTO DE LOS RESULTADOS

Artículo 21. Financiación. La agrupación podrá recurrir a cuantos medios se precisen para su adecuada financiación. En cualquier caso, los miembros deberán aportar las contribuciones y medios que hayan sido aprobados por la asamblea, a requerimiento del administrador.

La asamblea establecerá cotizaciones anuales a cargo de los miembros. Su importe y fecha de pago se determinarán en el presupuesto provisional propuesto por el administrador a la asamblea.

Artículo 22. Ejercicio anual. El ejercicio anual de la agrupación coincidirá con el año natural. Por excepción, el primer ejercicio comenzará el día de hoy y finalizará el 31 de diciembre. La asamblea dentro del primer semestre de cada año natural, aprobará las cuentas de la agrupación.

Artículo 23. Reparto de resultados. Los resultados (ya sean beneficios o pérdidas) derivados de las actividades de la agrupación se repartirán entre los miembros según sus contribuciones efectivas, según determine la asamblea.

En su caso, los miembros contribuirán a la diferencia entre los gastos y los ingresos de la agrupación en el mes de la aprobación de las cuentas anuales.

TÍTULO VII. DISOLUCIÓN Y LIQUIDACIÓN

Artículo 24. Disolución. Los miembros podrán decidir, en cualquier momento y por unanimidad, la disolución de la agrupación. En cualquier caso, la agrupación se disolverá en los supuestos previstos en el reglamento 2.137/85 CEE y en la ley española.

Artículo 25. Liquidación. La liquidación de la agrupación se regirá por la ley española. La asamblea nombrará de forma unánime al o a los liquidador/es.

TÍTULO VIII. RESOLUCIÓN DE CONTROVERSIAS

Artículo 26. Jurisdicción competente. Toda cuestión o diferencia que pudiera surgir entre la agrupación y los miembros, o entre estos entre sí, será sometida a arbitraje, conforme a la Ley 36/1988 de 5 de diciembre.

ESTATUTOS DE UNA UNIÓN TEMPORAL DE EMPRESAS

Estatutos de Belle & Sebastian, Unión Temporal de Empresas, Ley del 26 de mayo de 1982

Artículo 1. Denominación. La UTE se denominará: Belle & Sebastian, Unión Temporal de Empresas, Ley del 26 de mayo de 1982, 18/82. Utilizará el anagrama «UTE BELLE & SEBASTIAN».

Artículo 2. Objeto. Constituye el objeto de esta UTE la explotación de los derechos derivados de la concesión de telefonía móvil en la comarca de la Alcarria.

Artículo 3. Duración y comienzo de las operaciones. La UTE dará comienzo a las correspondientes operaciones en la fecha de otorgamiento de esta escritura y continuará vigente hasta la total terminación del contrato que constituye su objeto. El límite máximo de duración de la UTE será de dos años, solicitándose, a partir de ese momento, prórrogas parciales de un año cada una de ellas ante el Ministerio de Economía y Hacienda, si fuera necesario, y de acuerdo con lo previsto en el apartado C del artículo 8 de la Ley 18/82.

Artículo 4. Domicilio. La UTE tendrá su domicilio en Guadalajara, calle de Maranchón, s/n, si bien se podrán establecer sucursales, oficinas, agencias, delegaciones o cualquier otro tipo de dependencias, además de en el lugar donde se desarrollan las obras, en cualquier otro que los miembros de la UTE estimen conveniente.

Artículo 5. Capital: participaciones y aportaciones. Cuotas de participación. La participación de cada una de las empresas miembros de la UTE, en la totalidad de derechos y obligaciones, así como en los riesgos, beneficios o pérdidas, se fija, inicialmente, en proporción a sus respectivas cuotas, que se establecen a continuación.

Artículo 6. Administración y representación:

a) Comité de gerencia. En el orden interno, la UTE será gobernada por un comité de gerencia compuesto por dos representantes de cada una de las empresas miembros. Su misión será la alta dirección, gestión y gobierno de la UTE, compuesto por cuatro miembros (dos por cada una de las empresas miembros de la UTE). La designación de los mismos se notificará al gerente por escrito.

En sus reuniones, el comité examinará la marcha económica del proyecto, fijará las directrices para el desarrollo del mismo, estudiará y aprobará, en su caso, los planes y previsiones presentados por el gerente y, en general, se tratarán cuantos asuntos se consideren de interés para los representantes de las sociedades, adoptando los acuerdos oportunos.

El comité se reunirá cuantas veces sea necesario a petición de uno cualquiera de sus miembros o del gerente y, al menos, una vez al año, para aprobar las cuentas del ejercicio anterior.

El presidente convocará las reuniones del comité de gerencia, pudiendo efectuarse por cualquier medio que acredite fehacientemente su recepción.

b) Gerente único. Un gerente único administrará y representará a la UTE en sus relaciones con terceros. No percibirá remuneración alguna por razón de su cargo y será nombrado de común acuerdo por los miembros de esta. Será responsable de la buena marcha de la unión, tanto en los aspectos técnicos como en los administrativos y financieros.

c) Designación del gerente. Queda designado gerente de la UTE don Martín Martínez Martos, con domicilio a estos efectos en Guadalajara, calle de Maranchón, s/n.

d) Facultades. En sus relaciones con terceros, el gerente tendrá las más amplias facultades de representación para actuar en nombre de las empresas asociadas, a cuyo fin, por el hecho del otorgamiento de la escritura pública de constitución de la UTE, le confieren poderes suficientes para ejercitar los derechos y asumir las obligaciones necesarias para la consecución de los fines que constituyen el objeto de la UTE en todos los actos y contratos que suscriba en representación de la misma.

Artículo 7. Solidaridad. Las empresas miembros de la UTE responderán solidariamente y de modo ilimitado frente a terceros por los actos y operaciones en beneficio del común, sin perjuicio del derecho de repetición que a las empresas miembros les asista a fin de exigir responsabilidades a aquella que hubiera ocasionado tal responsabilidad.

Artículo 8. Determinación de beneficios e imputación de resultados. Los beneficios serán determinados provisionalmente en el momento en que convenga a las partes, siendo toda cantidad distribuida por tal concepto considerada como anticipo o entrega a cuenta, quedando la empresa obligada a las devoluciones a que hubiera lugar, y sólo serán definitivos cuando se haya procedido a la aprobación de cuentas.

Artículo 9. Contabilidad y administración. La UTE llevará una contabilidad separada de la de sus miembros que permita conocer, en todo momento, el detalle de sus operaciones y la situación económica de la misma.

Antes del 31 de marzo de cada año, el gerente proporcionará el balance anual y la cuenta de pérdidas y ganancias de la UTE, que se someterán a la aprobación de las empresas asociadas.

Artículo 10. Disolución de la UTE. La unión se disolverá:

a) por la finalización de su objeto, si bien subsistirá el tiempo preciso para el cumplimiento de las obligaciones y el ejercicio de los derechos que de él dimanan;

b) por el transcurso del plazo previsto en el artículo 3.º de estos estatutos y de las prórrogas previstas en el mismo;

c) por acuerdo unánime de las empresas partícipes de la unión.

Artículo 11. Liquidación. Producida la disolución, se abrirá el periodo de liquidación de la unión, en el que el gerente único debe cesar. Las empresas partícipes de la unión nombran a un liquidador, que puede ser el propio gerente, quien tendrá todas las facultades, en su caso, necesarias para llevar a cabo la liquidación.

Glosario

Acción (de una sociedad). Título que representa las partes en que se divide el capital de la sociedad. Pueden no tener existencia física, si son meras «anotaciones en cuenta», o tenerla, y ser «nominativas» (consta el nombre de su propietario) o «al portador» (no consta el nombre, por lo que pueden venderse sin limitación).

Accionista. El titular de acciones de una sociedad anónima.

Acreedor. El titular de un crédito frente a un tercero o deudor.

Administrador único. Gobierno de las sociedades mercantiles por parte de una sola persona.

Administradores mancomunados. Gobierno de las sociedades mercantiles por parte de dos personas que adoptan decisiones de mutuo acuerdo.

Administradores solidarios. Gobierno de las sociedades mercantiles por parte de varias personas que actúan indistintamente; es decir, cualquiera de ellas puede tomar decisiones.

Agrupación de Interés Económico (AIE). Colaboración entre empresas de carácter auxiliar respecto de sus miembros. Se emplea para agrupar o promocionar actividades económicas determinadas.

Una variante es la Agrupación Europea de Interés Económico (AEIE), formada por empresas de distintos países de la Unión.

Ampliación o aumento de capital. Operación societaria por la cual la compañía ve incrementados sus recursos mediante la aportación de dinero, bienes o derechos a su patrimonio.

Apoderado. En una sociedad mercantil (anónima, limitada...), persona que tiene conferidas determinadas facultades de actuación.

Asamblea. Reunión de todos los socios o cooperativistas.

Auditor. Profesional que, tras analizar los documentos financieros y contables de una empresa, emite un informe (auditoría) en el que opina sobre la adecuación o inadecuación de estos a la legalidad.

Balance. Documento contable en el que se refleja el patrimonio de la sociedad en una fecha concreta. En él debe recogerse las deudas (pasivo) y los bienes y derechos (activo) de una sociedad.

***Boletín Oficial del Registro Mercantil* (BORME).** Publicación periódica mediante la que se dan a conocer los distintos actos que afectan a la vida de las sociedades mercantiles; por ejemplo, la convocatoria de las juntas generales, la constitución, disolución, liquidación o transformación de las sociedades, el aumento o la reducción del capital social de estas, los nombramientos de los administradores, etc.

Capital social. Conjunto de las aportaciones de los socios.

Código civil. Compilación que data del año 1888 en la que se recogen las normas jurídicas que regulan los aspectos privados de la vida de las personas (por ejemplo, los contratos, el estado civil de las personas, la nacionalidad, etc.).

Código de comercio. Compilación que data del año 1889 en la que se recogen las normas jurídicas que regulan los aspectos generales de las compañías mercantiles y de los comerciantes individuales.

Consejero. Es aquella persona que ocupa el cargo de consejero dentro del consejo de administración de una sociedad.

Consejero delegado. Miembro del consejo de administración que tiene delegadas las funciones más importantes de este, en aras de un más ágil funcionamiento del gobierno de la sociedad.

Consejo de administración. Una de las posibles formas de gobierno de las sociedades mercantiles. Es un órgano compuesto por, al menos, tres miembros que actúan conjuntamente. Suelen delegar sus funciones en un consejero delegado.

Constitución. Acto de fundación de una sociedad.

Convocatoria. Llamamiento a los socios como requisito indispensable para que se constituyan asambleas o juntas.

Cuentas anuales. Conjunto de documentos contables que las sociedades deben aprobar cada año y que refleja su situación económica: el balance, la cuenta de pérdidas y ganancias, la memoria y el informe de gestión. Cada año la sociedad está obligada a depositar en el Registro mercantil las cuentas anuales.

Cuentas anuales consolidadas. Las que están obligadas a presentar los «grupos de sociedades».

Cuota. La parte alícuota que corresponde a un socio que pertenece a una comunidad.

Derecho mercantil. Rama del Derecho que se ocupa de las sociedades o de los comerciantes individuales. Se consideran incluidos dentro del Derecho mercantil, el Derecho concursal (relativo a las quiebras y suspensiones de pagos), el Derecho societario, etc.

Desembolso. Aportación efectiva del capital. En la SA el desembolso no coincide con la suscripción de capital. Para constituir una SA debe suscribirse la totalidad de las acciones a pesar de que se permite desembolsar sólo un 25 % de su valor.

Disolución de sociedad. Decisión de los miembros de una sociedad de dar por finalizada la actividad de la misma. En algunos casos, la disolución de la sociedad puede imponerse como sanción.

Dividendos. Reparto de beneficios entre los accionistas.

Dividendos pasivos. Obligación del accionista de aportar la parte del capital suscrito y no desembolsado.

Domicilio social. Lugar donde se halla el centro de la efectiva administración y dirección de las sociedades.

Escisión de sociedad. Decisión de los miembros de una sociedad de desgajar una parte de la misma («escisión parcial»), o bien de separar en partes toda la sociedad para crear otras nuevas o para unirlas a compañías que ya existían («escisión total»).

Escritura pública. Documento público otorgado ante fedatario público (notario o corredor de comercio).

Estatutos sociales. Norma fundamental de las sociedades mercantiles en la que se recogen: denominación, domicilio, objeto, duración, fecha de inicio de las operaciones, capital social, identidad de los socios fundadores y órgano de administración.

Fundaciones. Organizaciones constituidas sin ánimo de lucro que, por voluntad de sus creadores, emplean su patrimonio en la realización de fines de interés general. Se puede constituir una fundación, por ejemplo, para promover y difundir la pintura asturiana.

Fusión de sociedad. Operación entre sociedades consistente en la unión de varias para crear una nueva compañía o en la absorción de una (o unas) por otra.

Gerente. Persona que representa a la Unión Temporal de Empresas (UTE). También suelen recibir este nombre determinados apoderados de las sociedades mercantiles.

Grupos de sociedades. Conjunto de empresas que tienen un interés social propio y único, pero que carecen de personalidad jurídica.

Holding. Grupo de empresas.

Impuesto sobre Transmisiones Patrimoniales y Actos Jurídicos Documentados (ITP y AJD). Impuesto que grava las transmisiones de bienes en las que haya mediado precio o contraprestación (compraventa), determinadas operaciones de las sociedades (aumentos de capital o constituciones de compañías) y «actos jurídicos documentados» (notariales, mercantiles o administrativos).

Junta de accionistas. Reunión de las personas que, mediante las acciones, son propietarias de una sociedad anónima. En las sociedades limitadas, la reunión se denomina «junta de socios», puesto que los títulos no se llaman «acciones», sino «participaciones». Es obligatorio que se reúna una vez al año para aprobar las «cuentas anuales».

Junta general extraordinaria. En la sociedad anónima, nombre de la junta que se reúne para deliberar y decidir asuntos de su competencia, excepto la aprobación de las «cuentas anuales».

Junta general ordinaria. En la sociedad anónima, nombre de la junta anual que se reúne para aprobar las «cuentas anuales».

Liquidación de sociedad. Acuerdo, posterior al de disolución, por el que el liquidador distribuye el haber de la compañía entre los socios, proporcionalmente a cuál era su participación en el capital, una vez cobrados los créditos y pagadas las deudas.

Liquidador. Persona encargada de llevar a cabo las operaciones de liquidación de una sociedad. Habitualmente, los estatutos sociales determinan que el cargo de liquidador sea ocupado por el propio administrador.

Modificación de estatutos. Los acuerdos de especial trascendencia (ampliación o reducción de capital, disolución de la sociedad, cambio del objeto, denominación y domicilio, etc.) que establezcan los socios conllevarán el cambio de los estatutos sociales.

Objeto social. Expresión de las actividades a las que se dedica o se puede dedicar una sociedad mercantil. Su mención es imprescindible en los estatutos.

Participaciones sociales. Títulos en los que se divide el capital de las sociedades.

Patrimonio. Resultado de la suma del activo y del pasivo de la sociedad.

Persona jurídica. Denominación técnica de las sociedades y las entidades, en oposición a los términos «particular» o «persona física».

Prestación accesoria. Junto a la obligación básica del accionista, consistente en la aportación del capital, la normativa permite establecer prestaciones accesorias obligatorias, distintas de la aportación del capital y basadas en las obligaciones de hacer y no hacer.

Prima de emisión. Valor que se exige en una ampliación de capital de una sociedad que tuviese un patrimonio superior a la cifra de su capital social. Para compensar la diferencia entre el valor de emisión de una acción y su valor nominal se emiten acciones con prima.

Quiebra. Situación de crisis económica de la sociedad en que el pasivo supera al activo.

Reducción de capital. Operación de signo inverso a la ampliación de capital. Desde el punto de vista económico, la reducción puede suponer una merma efectiva en el patrimonio social correlativa a la reducción de la cifra de capital (reducción real) o tener una significación puramente contable (reducción contable), esto es, sin producir ninguna variación económica distinta del mero cambio en las partidas del pasivo exigible. Los socios pueden adoptar voluntariamente esa decisión o verse obligados a ello por la ley si concurren determinados supuestos.

Registro de cooperativas. Oficina pública en la que se inscriben los actos relativos a las sociedades que adoptan dicha forma social.

Registro mercantil. Oficina pública en la que se inscriben los actos relativos a las sociedades anónimas y limitadas (por ejemplo, constitución, aumento de capital, elección de administradores, liquidación, etc.).

Responsabilidades. Los administradores responden de la gestión de la sociedad que llevan a cabo ante los socios y los acreedores; deben desempeñar su cargo con la diligencia de un ordenado comerciante.

Sociedad anónima (SA). Compañía mercantil en la que los socios no responden personalmente de las deudas de esta y cuyo capital se divide en acciones.

Sociedad civil. Compañía en la que los socios responden personalmente de las deudas de esta, a diferencia de lo que ocurre con las compañías de carácter mercantil.

Sociedad colectiva. Compañía mercantil en la que todos sus miembros en nombre colectivo y bajo una razón social se comprometen a participar, en la proporción que establezcan, de los mismos derechos y obligaciones.

Sociedad comanditaria. Sociedad en la que uno o varios sujetos aportan un capital determinado al fondo común para cubrir las operaciones sociales dirigidas por otros con nombre colectivo.

Sociedad cooperativa. Compañía en la que sus componentes, aportando trabajo y capital, se proponen ejercer alguna actividad económica.

Sociedad de responsabilidad limitada (SRL o SL). Compañía mercantil en la que los socios no responden personalmente de las deudas de esta y cuyo capital se divide en participaciones. A diferencia de las sociedades anónimas, las sociedades limitadas no pueden cotizar en Bolsa.

Sociedad laboral. Compañía anónima o limitada en la que la mayoría de su capital se halla en manos de los trabajadores.

Socio. La persona que adquiere una o varias participaciones/acciones de una sociedad.

Suscripción de acciones. Adquisición de acciones que realizan los socios en el momento de la fundación de la sociedad o en una ampliación de capital posterior. El derecho de suscripción es la preferencia de los socios frente a cualquier tercero que quiera suscribir acciones de la sociedad.

Suspensión de pagos. Situación de crisis económica de la empresa en que, a pesar de que el activo todavía es superior al pasivo, la sociedad no tiene liquidez para hacer frente a sus deudas.

Transformación de sociedad. Operación societaria consistente en cambiar la forma social de la sociedad, pero sin que suponga su desaparición. Por ejemplo, una sociedad anónima que se convierte en sociedad de responsabilidad limitada.

Unión Temporal de Empresas (UTE). Sistema de colaboración entre sociedades, carente de personalidad jurídica propia, creado por un plazo determinado con la finalidad de desarrollar o ejecutar una obra, un servicio o un suministro que no podrían hacer sus componentes por separado.

Índice analítico